大展好書 好書大展

大展好書 好書大展

心靈雅集
57

佛教與儒教

道端良秀／著
劉欣如／譯

大展出版社有限公司
DAH-JAAN PUBLISHING CO., LTD.

前　言

眼前，我面對著佛教與儒教這個題目，正在思考怎樣寫才好呢？或者要寫些什麼呢？實在迷惑得很。因為我以前專攻中國佛教史，所以念念不忘想從社會文化史方面著手研究，驀然回首，不知不覺過了四、五十年了。

其間，一提到研究，不禁萬分慚愧：然而一直想要持續研究的熱情卻不輸給任何人。

有關佛教與儒教的研究，因為中國佛教無疑是儒教的佛教，和道教的佛教，所以到底要以那一點為核心，或用什麼方法來寫，實在煞費苦心，也十分迷惑，最後，我終於完成下列的目次，也依據這個方向執筆了。

人生在世，任誰也得死亡，因此，我就寫了佛教與儒教在死亡儀禮及一切儀禮的比較研究。

近年來，日本有人提出各種問題，成了我們佛教徒苦惱的種子，尤其墓相學或印章學等都是迷信，平時茶世人頗為劇烈，例如衍生出靈魂問題，人死後會變為什麼？墳墓又是什麼？還有葬式，中陰，年忌和月忌等是什麼？諸如此類的問題，我總想照自己的方式來思考解決，於是，就撰寫這本「佛教與儒教」的書。

平時利用解決疑問的機會，我不斷思考祖先崇拜與葬祭儀式等核心問題，然而，面對這項大題目，我只能描繪出大概輪廓，其他尚有許多問題，只好留待以後再研究了。

其間，難免有諸多欠妥之處，況且急著執筆，一切都不能理想如願，敬祈各位先進多多指教。

道端良秀

目錄

一、序　說

中國把儒教當做國教，所以說中國社會是一個儒教的社會。以孔子、孟子爲始祖而教以五倫五常，在中國不論朝野或貴賤，都要遵守五常——仁義禮智信，而這被視爲人間既定的最高道德。那麼，這項最高道德所要實踐的倫理，就是孝的倫理，有一本『孝經』的專門著述在討論它。所謂仁，就是孝也，而儒教的精髓就是爲了要徹底表現出「孝」。

所以，儒教就是孝的教理，而中國即是孝的社會。關於這一點，我已經寫過一本：『佛教與儒教的倫理』，旨在對照儒教的孝與佛教的孝，並探討兩者的交相葛藤，和互動互繫，而今我想提出祖先崇拜，探討祭禮——屬於儒教所說禮的一部份，對照它與佛教的祖先崇拜在思想上有那些差異與相似？

中國實在是一個儒教的社會和儒教的文化。但從佛教的觀點說，佛教倡導空的思想、無我、無常，又否定道，且主張出世間道，卻能流行在一個以孝爲最高倫理，信守世間道的中國社會，一般人認爲兩者不可能相互了解和協調才對。

世間道認爲仁義禮智信是人倫的道理，而出世間道的教理卻把世間道當作空、無常而加以否定，反而一味追求解脫，不論從那方面看來，似乎都不可能發現兩者能夠調和得起來。

所以，儒教所謂祖先崇拜跟佛教的祖先崇拜，即使在文字或語言上同樣用祖先崇拜，但在根底上卻大不相同，而這無疑是很自然的事。祖先崇拜是祭祀祖先，等於死後的孝行，也是爲人子女必須遵守的行爲。身爲中國人幾乎可說是義不容辭，但佛教的祭祀祖先跟儒教在這方面也大異其趣，差別很大。

不消說，佛教要成爲中國佛教，爲了要融入中國人的思想和生活裡面，不論如何都得跟儒教思想與生活採取相同步調，好好妥協才行。例如，要面對儒教對孝的解說教誨，佛教就不得不刻意編寫『父母恩重經』等若干孝行方面的經典了。縱使部份有識之士一再指稱它是僞經，無如爲了社會大衆的需要也不得不這樣做，而這就是佛教人士的苦心和努力。

縱使不反對祭祀祖先，但佛教也沒有像儒教那種嚴格和愼重的喪祭禮節。像『禮記』上面規定那樣的宗廟祭禮，在佛教裡幾乎可說沒有。釋尊不曾提到死後的事。釋尊只說現實的人生應該怎樣解脫人生的苦惱？且該如何才能掌握眞正的幸福？而這種幸福到底是什麼？那就是解脫或覺悟也。至於死後的事，則不成問題。所以，像祭祀祖先那類問題，可不是什麼重大的事。

但在中國社會裡，就非改變這種態度不可了，誰敢忽視祖先的祭祀，那麼，他就休想踏入中國社會一步了。這一來，爲了要使中國老百姓了解佛教，那麼，它就要跟儒教一樣，對於祭祀祖先非表現極爲重視不可了。

這件事在中國佛教的表現上早已盛行，且被老百姓接受了，例如，七月十五日的盂蘭盆會即是。目連從餓鬼道救出母親，等於孝道的軼事，而這件佛事卻極受中國人的歡迎。當然，佛教人士也趁機大大利用一番。

這些佛事當作突破口，使佛教自然跟儒教的祖先崇拜互相協調，而變成葬祭的佛事，以死後的七七齋開始，盛大舉行忌日法會了。

同時，密教的流行也愈來愈助長這種傾向，致使施餓鬼法會、水陸大齋等都逐漸盛行起來。

二、祖先崇拜的定義

只要有人問起祖先崇拜到底是什麼?便覺得是很複雜而繁瑣的問題。一旦說到祖先崇拜的祖先，也許跟先祖一語一樣，所以，祖先崇拜也許即是祭祀先祖。那麼，這些先祖與祖先是指家族系統的第一代或始祖，如果這樣開展下去，一提到祭祀祖先時，顯然不只意謂著祭祀始祖或家族的第一代人而已，應該包括第一代以後，持續到幾代，幾十代，甚至現在這戶家庭的第一代，就是父親的靈魂也都要祭祀。

若說到先祖或祖先的時候，必定會說父祖之靈，所以，所謂祭祀祖先，或祖先崇拜，就是祭祀歷代祖先，即是從第一代祖先開始到父親的靈。

這樣看來，祖先崇拜不妨這樣下定義：

「在父母生前，要經常對他們表示愛心與尊敬，死後也要堅決相信祖先的靈魂不滅，對祖先懷著追慕敬愛的感情——他們雖然都不在人間，也要時時表現敬畏的念頭——對祖先的靈舉行各種供犧、祈禱等儀禮，這可說是一種宗教的慣行。」(前田卓：『祖先崇拜的研究』）

所謂祖先或先祖，會從最親近的父母之靈開始追溯，當然，這是人類的感情流露，然而祖先崇拜的信仰，顯然從祭祀始祖開始的一大群歷代祖宗在天之靈。

但是，這些祖先在中國算是很龐大之家族制度的先祖，中國人只祭祝直系尊族，也就是只祭自己的家系，旁系不能列入，他們不夠資格被當作先祖來祭祀。縱使是同一家系，也只有直系尊族才能以祖先身份被祭祀，叔父在同一家系也不算祖先崇拜的對象。

這一點是中國儒教的祖先制度，跟佛教的情況有很大的差異。在中國社會裡，儒教、佛教跟道教同樣成爲中國思想的根底，更是中國文化的中心。

儒教主張仁義禮智信的人倫之道，所謂世間道的教理，而佛教主張苦、空、無常和無我，追求解脫等否定道所謂出世間道，兩者完全相反，立場背道而馳。

所以，即使雙方都提及祖先崇拜，殊不知佛教本來的立場一直否定它，雖然同一步調，但儒教在這方面跟佛教的差別很大，而這無疑是理所當然。

誠如上述，祖先資格依儒教來說，等於家庭的直系尊族；反之，佛教所謂祖先崇拜的祖先，當然是家族的列祖列宗，但能被祭祀的祖先不單是自己家系的祖先，還能加上一切靈位。當然，家祠家廟放有歷代祖先的靈位能得到祭祀，且所有別人的靈位牌在所有家廟也能得到祭祀。

這即是佛教的人世觀，例如『梵網經』卷下的菩薩戒說：

「一切男子皆我父，一切女人皆我母……所以六道衆生皆是我父母。」

這樣說來，所有人都是我的父母，這種觀點是從六道輪迴裡，所得到的當然結論。不以自己現在的家為中心，不只崇拜這些祖先，而是把全人類看作自己的父母親，和兄弟姐妹，所以，全人類的祖先即是我的祖先，由於這個緣故才要祭祀一切萬靈。

如從儒教的立場說，這恐怕不能叫做祖先崇拜了。即使從一般宗教學與民族學的角度來說，祖先崇拜或祭祀先祖恐怕也不能列入這種範疇。但是，中國佛教行事的盂蘭盆會，旨在成全孝道，目連救母的佛事跟儒教的祭祀祖先混合一起，反而頗受中國人的歡迎，也是一件盛事。

由此看來，祖先崇拜的定義或祭祀先祖的意思，顯然跟一般宗教學方面的定義，與民俗學性的定義有許多差異，這一來就出了問題；在中國，儒家所謂祖先崇拜跟佛教這方面所祭祀的祖先對象已經大不相同，更不用說制度、思考方式，包括精神與物質兩方面，表現出令人吃驚的差異——一是世間道的教理，二是出世間道的教理，反正都不一樣，但不會大驚小怪。

佛教以中國佛教的面孔要在中國立足生根的話，就要跟儒教協調一致，同起同坐，把異質的內容變成同質性，以世間道方式施展出來，當作佛教的孝道實踐。『父母恩重經』的完成也就是這個原因，死後的孝道或祖先祭祀的佛事亦不例外，可說是佛教的儒教化。

因此，在中國想把祖先崇拜的定義固定化是不可能的事。

但在中國一提到祖先崇拜時，不外祭祀祖先在天之靈，表現對父祖的孝道。孝不僅是生前的事，死後也要持續，而死後的孝是喪祭的重大制度。這一點會在後面詳加討論，但是儒教的死後葬式與喪服制度，簡直會讓人吃驚到無法想像的程度。今天的葬式出現婦女們號啕大哭，正是孝道形式化留下的習俗。

還有喪服也成爲極嚴苛的制度，繁瑣的情形可從一本厚達六百頁的巨著：『中國古代喪服的基礎研究』裡獲得證明，那是谷田孝之的作品，亦是他向廣島大學提出的學位論文之一。可見中國人多麼重視父祖的祭祀，孝道週延到死後，倘若沒有遵守它，便會被一般人指責爲不孝，後果之嚴重會出乎我們的想像之外。

三、中國古代的祖先祭祀

討論中國祖先崇拜的問題，當然不能忽略儒教的制度，必須注視喪祭制度，及其宗廟的祭祀，而那些都以『儀禮』與『禮記』爲主：在這樣形態完備的喪祭制度形成以前，就是原始社會，即是中國古代祖先的祭典到底是怎麼回事呢？我們有必要叙述一番。當然，這方面必得有考古學上的成果，與民俗學及宗教學上的研究，先參考這些研究之後再來詳述才好。

一提到中國古代，大家都會想起春秋戰國時代有孔孟諸子百家的思想，甚至在這群思想家以前，尙有所謂三皇五帝的神話時代，從此逐漸形成世襲王朝的夏、商、周時代。那麼，當時祭祀祖先、祖宗神或祖靈等問題是怎麼回事呢？換句話說，所謂祖先祭祀的問題，當時一般人怎樣思考？又怎樣舉行的呢？

依據現在的研究指出，夏朝文化的詳情尙不明確，對於那個時代可以說什麼也不知道。只知夏朝有一個暴君叫做桀王，他被殷朝的湯王消滅，於是，殷朝便繼承了夏朝的天下，僅此而已，所以，歷史便從殷朝開始算起了。

再說殷（商）朝的歷史，本來依據『書經』、『詩經』加上『史記』等，僅知點滴傳說而已，但透過著名的殷墟發掘，例如甲骨文和金文資料，也得到些詳細的殷朝文化和狀況。

所謂甲骨文，就是大約八十多年前，北平有人把龍骨當做中藥來銷售，但在所謂龍骨上卻雕刻些文字，經過專家研究後，始知是殷代的文字，於是才開始有系統地研究下去。這就是甲骨文字或甲骨文了，其實，那是在牛的肩胛骨與龜甲上用小刀雕刻出來的文字。

這些文字幾乎都是占卜，原來殷朝的算命師燒了這種骨頭，表面現出裂縫、間隙，藉此占卜吉凶，再將吉凶的內容雕刻下來。

今天搜集的大小骨片，大約有十萬多片，即是通常所說的甲骨文了。這些即從河南省安陽縣的小屯挖掘出來，致使那一帶叫做殷墟，從一九二七年開始挖掘，結果發現一大群豪華的王墓，讓世人不勝驚嘆。

之後有過許多出土物品和陪葬者，透過這些始知部份殷代的社會文化，例如，從甲骨文和出土的青銅器上面雕刻的銘文——叫做金文——多少獲悉殷朝歷史，解析這些文化而成為重要的新資料。那麼，現在要談祖先崇拜，或祭祀祖先等問題，也必得利用這批新資料來探索了。

由這些資料發現殷代的人所祭祀的神，也是原始民族通常祭祀的諸種神明，其實也沒有太大差別，所有原始部落幾乎大同小異，不外祭祀天地自然的一切諸神，從樹神、水神、風神、雷神、雨神等開始，這也就是祭天，等於最高之神——天帝，加上祖宗的祭祀，即是祖先之神。

目前討論這些祖先神的問題，不妨讀白川靜所著『甲骨文的世界』，貝塚茂樹的『古代殷帝國』，伊藤道治著『古代殷王朝之謎』，由此可知，甲骨文記載當時老百姓相信祖先神有超人的特殊能力，故在恐怖之餘祈禱祖先神庇祐穀物豐饒，別給活的人得到報應；誰知這種報應力量連祖先神亦不例外，比較晚近過世的祖先尤其有這股力量，所以，祖宗顯靈的事才時有所聞。

這種事出自人仙對於死者之靈懷有恐怖感而產生的，因此要透過安慰才能解除這種死人之靈的威脅。那麼，安慰死者在天之靈，便是祭祀的行事了。由此可見，祖先的祭祀是先從死靈崇拜朝向祖先崇拜而展開的狀況。

總之，祖先崇拜似乎透過家族制度的確立以後才進行的，但在殷朝時代的人怎樣崇拜祖先呢？難道祭祀祖宗一直都沒有從死靈崇拜的境域下脫離出來嗎？反過來說，難道永遠停留在死靈崇拜的階段嗎？

據說殷朝的祖宗祭祀有兩種，一種是周期性或是定期性的祭祀，而另一種是臨時的祭祀。所謂臨時的祭祀，就是一種告祭，例如外國入侵時，就馬上告祭祖宗之靈，祈求列祖列宗加被，或祈禱穀物能夠豐收。

最重要的臨時祭祀，無疑在國王等王公貴族生病才出現。他們相信祖宗之靈能夠加被，才馬上舉行祖先祭禮，告慰祖宗在天之靈，並乞求祖靈寬恕或原諒。他們似乎相信祖宗會經常護持子孫之餘，也會警告子孫或替子孫消災解難。

所謂報應就是指這種情形，敬畏祖宗神的想法一直流傳到後世還在持續著。

從崇拜死靈轉向祖先崇拜的展開，無疑是一般法則，但在殷朝開始祭祀祖先仍然屬於死靈崇拜——就是因為對於死人的恐怖而生起的祭祀，後來才演變成祖宗崇拜的習慣。

從恐怖而變成親近，與其說害怕惡靈來召喚，不如說將祖宗當作守護神來尊敬，而這種事也能從甲骨文的算命師的行事看出端倪。

四、儒教的祖先崇拜

本來，祖先崇拜應該屬於人類感情的自然流露，面對死者的靈魂，不管出自恐怖感也好，或出自親近感也罷，反正向他（她）們祭祀，無疑是很自然的行爲。當這種事情逐漸展開之餘，便進入周朝了，結果進展到儀式化，以至有了週詳的制度。這些都先後編成了『周禮』、『儀禮』和『禮記』等書，結果形成了喪祭的重要制度。

儒敎的確立在於運用這種喪祭制度來規定子孫對死後的父祖表現孝行，且要義不容辭。所以，中國人的祖先崇拜可以說透過儒敎才確立起來的。

那麼，儒敎又是什麼呢？

儒敎是什麼？

在中國，儒敎被稱爲國敎，雖然，佛敎跟道敎同樣成就了中國文化的根底，但是儒敎到底是什麼呢？關於這一點一定要有一番簡要說明才行。因爲大家一談到儒敎，通常都說是孔孟的敎理，就彷彿佛敎是由釋尊說的敎法一樣，所以以爲儒敎是由孔子説的，因爲孔子是儒教的始祖，且儒敎的經典叫做四書五經，也稱爲十三經，甚至將『詩經』、『書經』、『禮記』等也都被看作孔子說的東西。這也許因爲一般人都相信佛敎經典全是出自釋尊之口，所以爲了對應這種想法，便不加思索地以爲儒敎都是孔子所說的了。因此，我才認爲大家一定要先明白儒敎到底是什麼？

當然，儒敎以孔子爲開山祖師而成爲一個學派，甚至是一套思想體系；所謂儒敎即是儒家的理論或說法，而儒家就是諸子百家之一，跟墨家、法家、道家、農家等一樣是一門學派，他們的創始人是以孔子爲代表。

儒家學說以孔子爲始祖，跟當時以墨子爲中心的墨家學說一樣，列爲兩大思想，似乎勢均力敵、互別苗頭，到了漢代終於把儒家學說以儒敎的角色定爲國敎，自孔子以後，還有孟子、荀子以及其他著述者的敎理從此塵埃落定。從此以後，使墨家學說被看成異端而遭到排斥，一直到近世終於消失了蹤影。

那麼，這種被固定或受到獨尊的儒敎到底是什麼呢？其實，他們就是人倫的道理。它包括五倫五常之道——君臣、父子、夫婦、兄弟和朋友等五倫；還有仁、義、禮、智、信爲五常，兩者互相配合，才完成人倫的道理。所以，仁義禮智信就是儒敎的中心思想。

儒教即是仁也——

儒教提倡仁義禮智信，屬於人倫的教理。但是，這種仁義禮智信的五常起初歸納於「仁」一個字，所以，儒教相當於「仁」一個字而已，難怪一般人總會說儒教者仁也。

到目前為止，有關儒教的研究幾乎多得不勝枚舉，但有一位山口察常博士的大作是『仁的研究』，這本儒教為仁的研究，以後成了他的學位論文。還有一位津田左右吉博士的著作『儒教的實踐道德』，也叙述儒教的實踐道德是孝，而『孝經』正是說明儒教那種孝的內涵。

仁者孝也——

仁這個字是人字邊加上二，而它意謂兩個人的情況。在『說文』這本古老的辭書上說：「仁就是親，人從二也。」它說明兩個人互相親愛，或相親相愛，叫做仁也。又在『禮記』上有「仁者愛人也」一語；『論語』也說：「孝悌也者，其為仁之本與。」『孟子』告子下也說：「親親，仁也。」

由此可見，仁是人與人之間的親愛之情，或親子的愛情。這就是孝。因爲兒女對待父母的親愛感情，叫做孝也。

以『論語』爲中心叫做四書五經，又叫做十三經等儒敎的根本經典全都在談「孝」字。尤其，曾子被稱爲孔子的弟子，而他編集那部『孝經』談到兒女對父母的孝，眞是淋漓盡緻。只有「孝」才是儒敎的根本思想，以實踐倫理的方式來成就一切道德的根元。『孝經』所說：「孝是德之本也，由敎而生出來。」正是這件事實的詮釋。

孝是什麼？

那麼，具體說來，他們的孝要怎樣實踐呢？『孝經』開宗明義指出：「身體髮膚受之父母，不要去毀傷它，才是孝行的起步。用立身行道，揚名後世來顯耀父母，才是孝的終結。」

這意謂行孝的第一步是，自己的身體受自父母親，所以不要傷身。換句話說，好好保重身體，讓身體強壯，別讓父母擔心，才是孝行的開始。這話當然沒有錯。

但是，後來卻淪爲形式性的解釋，儒敎徒將它當作排斥佛敎的唯一證據；口口聲聲指出佛教的僧尼削落頭髮，無異傷害了父母親給予的寶貴身體，完全違背『孝經』，眞是不孝之極。不消說，這樣解說太過形式主義了。

請讀這段『孝經』的「紀孝行章」——

「孝子要怎樣侍候父母親呢?居家時要敬虔，孝養時要使他(她)安樂，生病時要使他(她)欣慰，死亡時要哀傷，祭祀時要很愼重，只要具備這五方面，才是完善的侍候。」

這段話是孝的詳盡解說，吐露了五項心得，意謂日常生活不能忘記對父母的尊敬心，孝養父母要很親近或親切，歡歡喜喜地注意父母親的起居飮食。

第三項談到父母患病期間，要心懷憂慮，聘請醫生，竭盡所能替他(她)醫治。

死後的孝——

第四是藥石無效，以至一命歸陰時，不論送葬或服喪，都要竭盡悲傷之能事，表現要得體。

第五是喪事結束，要去宗廟祭祀、或在墓前行祭，都要依照祭祀規定，不要搞錯，應該愼重其事。

這就是所謂孝順了。但要注意的是，對父母親的孝道不僅在他（她）們有生之年實踐，且愼重規定死後也有孝行。所謂喪祭行事，即是祭祀祖宗，或祖先崇拜的行事。

這樣看來，信仰祖先崇拜淵源於列宗列祖的祭祀，而祖宗的祭祀又是透過孝的思想而來。倘若忽視祖宗的祭祀，則會被世人攻擊，或被指責爲不孝之徒。

再說『孝經』最後一章爲「喪親章」，叙述關於父母親的祭祀心得與行事。所謂喪，也是指死的事。

父母親逝世時要放聲大哭，既不必禮儀作法，語言也不必修飾，乍聞音樂也不覺得快樂，山珍海味也要吃得無味，不穿漂亮的衣服，三天不吃食物，但三天後可以飲食，原因是傷害到身體就要變成不孝了。

喪事三年才能結束，屍體要製造棺材收藏起來，棺材前面供奉祭品，藉此表示內心的哀傷，同時要痛哭流涕、搥胸掙扎、哀嘆不停。之後把棺材送到墳墓，選個好位置埋下去。同時蓋廟把他（她）當作神，每逢春秋兩季都要祭祀。

由此看來，祖宗的祭典即是對列祖列宗表示死後的孝行。

五、臨終的儀禮

有關儒教喪祭方面的研究，日本學界的人才輩出，前人的卓越著作不在少數，其中首推池田末利博士在這方面留下許多專門作品，此外又有諸橋轍次博士著『支那的家族制』、西岡弘博士著『中國古代的葬禮與文學』等。這些心血著作都在討論儒教的喪祭制度，但是，我們發現他們都依據『儀禮』的「士喪禮」、「既夕禮」、「士虞禮」，加上『禮記』的「喪大記」等篇——毋寧說，由這些篇來構成他們的內容核心。

但要注意的是，這些禮法始終是以王侯為對象的行事，之下叫做士大夫，即是一般讀書人的禮法，而不是社會大衆的庶民，或普通百姓的禮法。儒教的教法完全不把一般民衆看在眼裡，一味談論士大夫或統制階級的事。

佛教在這方面就顯得大不相同了。因為佛教主張「一切衆生，悉有佛性」，所有的人都有佛性，都是佛子，都能成佛作祖，所以，所有的人們都是平等的，大家都沒有差別。因此，佛陀的教法是不分士大夫與老百姓，亦無王侯君臣的區別，更何況貧富貴賤和男女老幼，也都一律平等，大家通通都是佛的兒女，同理，大家都能受用佛陀的教誨，而這一點正是佛教與儒教的差異。

臨終的行儀

儒教認為病人垂危，眼見就要斷氣時，家人首先要把房間內外打掃乾淨，旨在接待訪客。倘若正在播放音樂，都要馬上停止或撤銷。

之後將病人移到房間北邊牆壁下躺著，頭部朝東。因為北邊是生氣的起始，蘊藏萬物，好讓他（她）以後能起動，而東邊能使萬物生起，生機煥發。總之，病人向北邊躺著，頭要朝東，就是意謂行將離去的靈魂能被招聘回來，或有鎮壓靈魂、喚起生機的動機。自始至終都想阻攔生命的消失，這才是家人迫切的願望。

眼見奄奄一息時，家人就要把絨毛蓋在他的鼻口上，藉此確認病人已經死了。

關於佛教葬法的研究，則有兩位學者的著作最詳細，一位是松浦秀光的『禪家葬法與追善供養的研究』，另一位是圭室諦成的『葬式佛教』。現在我要參考這兩本書來敘述我的研究心得。

佛教主張人生無常，死對於人生會帶來強烈的衝擊，所以，死是很嚴重的事件。

尤其，淨土教提到臨終往生的問題，便主張臨終的處理方式可以決定死者能否往生，所以，臨終的行儀無疑是很重大的問題。

到目前爲止，這方面最具代表性的論點有兩種，一是唐代出版的『臨終方決』，二是宋代出版的『臨終正念訣』，據說這是淨土教那位善導法師的作品，而今讓我們來探討一下臨終的行儀和讀後心得。

『臨終方法』——

「病人臨終之際，先用香熱水擦一下他（她）的身體，讓他（她）得以淸淨，再給他（她）換上新衣服，讓他（她）能安靜坐著，同時讓他（她）能正念思惟。倘若他（她）不能獨自坐穩，家人要助他（她）坐好。若因病況太沈重而無法坐定時，不妨將他（她）的右脇朝西臥好。

把病人前面的地方打掃乾淨，並製作一張四角壇，地面舖著花，焚燒名香，四隅點燈，壇內掛上彩色的佛畫像，讓病人瞻仰，和觀賞佛的相好，使病人生起菩提心。

請一位說法人在場說，這個世界很苦，別去三惡道，皈依和往生所在是十方諸佛的佛國土，到那裡可以受用微妙喜悅。

再詢問病人說，你希望往生到哪個佛國呢？接著，依照病人的願望，但願他（她）能往生那個佛國，同時讓病人念出佛的名號，十念成就，授予三皈戒，懺悔完畢，便授予菩薩戒。

一旦授戒結束，就要讓他（她）的頭部朝北睡下，面向西方，讓病人安靜地觀想佛的三十二相和八十隨形好。

如果生命快要終結，看病的人也要同時替病人念佛。念聲不斷，配合病人的名號念佛，但不要念其他佛的名號。

眼見生命就要終止時，化身佛與衆菩薩會手持妙香華，來迎接行者。那位病人行者看見會心生歡喜，身體沒有痛苦，心神也不會散亂，生起正見之心，彷佛進入禪定一般，以至到生命完了。

絕對別讓他（她）陷入地獄餓鬼等苦境，希望如行者的願望往生到佛的國土去。」

以上是『臨終方決』上所說的臨終行儀。因爲希望臨終有菩薩來迎接，所以，臨終的行儀非同小可。因爲這種行儀在佛教喪非常愼重，且從遙遠的印度傳到西域，再傳到中國，可見佛教徒不會忽視這項實踐。

道宣法師的『四分律行事鈔』

中國佛教界有一位著名的歷史學者，也是律宗的始祖——唐代的道宣法師，他曾在四分律的註釋書，即『四分律行事鈔』卷下之四，特別開闢一章「看病與葬送篇」，敘述病人與看病人的事情，以及病人的臨終行儀，其中提到病人要移到另外房間——叫做無常院。在無常院喪，要安置佛的站立像，像的左手持著五色幡，好像布一樣拖在地上。如果病人到了臨終，就要在佛像後面，左手承接佛手下垂，拿住幡腳，藉此在佛的引導下往生淨土，整個姿勢就是這種意義的表現。

這種作法傳到日本以後，直到近代在地方上也確實這樣實行。意謂五色的繩子從阿彌陀如來的左手上，交給臨終病人的左手緊緊抓住，就這樣接受阿彌陀如來的引導往生到西方淨土。臨終行儀即用這樣作法表現出來。

中國早在唐代便有這種臨終行儀的規定了，同時，道宣法師也強調臨終的正念，書上說：

「臨終之際，不問道俗，親屬和有緣人都要聚集在他的枕頭邊看著他（她），趁他（她）的精神還在清醒的瞬間，念唱他（她）一輩子的善行讓病人聽。這會使病人生起歡喜心，不必擔憂死後的去處，有了正念，就能使他（她）往生到好地方……」

這段話強調臨終的正念往生很重要。

再引用『大智度論』卷二十四一段話說：

「佛經上說，從出生到死亡，即使做了善行，倘若臨終時起了惡念，也就會往生到惡道。這個人即使從出生就做惡多端，只要臨終生出善念，也就會往生天上。」

這也強調臨終的正念有多麼重要。因爲歷來都習慣說臨終會讓人苦惱：

「臨終時，妄業聚集，洶湧而來，不要去想它，才是最重要的事。善惡與升沈，遠遠抛棄一邊，反之手持經卷，口誦名號，又把佛像放在眼前，讓病人仰觀，不要向他（她）談論善語和世事。」

這意謂要極力抛離世事，念誦名號，才能使病人正念往生，也就是放下一切，不斷念佛，方能懷著正念去淨土。

臨終的正念往生

誠如以上『大智度論』所說，佛教非常重視臨終的正念，意謂病人只要有正念，或心懷善意的話，便能往生天上界或西方淨土；倘若沒有正念，反而妄念雜陳或惡念叢生的話，縱使一輩子累積善行，也會往生惡處的。

這個不但出自印度、中國和日本佛教徒之口，也可在釋尊所說經典中找到證明。例如『無量壽經』、『阿彌陀經』、『觀無量壽經』等淨土經典上都有記述。還有藤四宏達博士著『原始淨土思想的研究』第六章第三節：「臨終來迎思想」下端便有詳述。不過，這些人只能說明臨終時會有阿彌陀佛來迎接，而所謂來迎，有時在強調正念，不是表面念佛。

總之，臨終來迎者，即是臨終的正念往生也。

『無量壽經』

『無量壽經』裡有一段出名的法藏菩薩四十八願，其中第十九願說：「我若成佛，要發心讓十方世界的人，都能往生淨土（發菩提心），念佛讚嘆諸佛功德，且希望以修諸功德的眞實心，往生到淨土；在他們的生命結束時，在淨土菩薩聖者的圍繞下，被接往淨土去。若不能這樣，我誓不成佛。」

這項心願或稱爲「臨終現前願」，因爲他清晰地發誓臨終來迎（送終迎來）的心意。

藤田博士把梵文本第十八願翻譯於下：

「世尊呵：我若成佛，如果所有世界的一切衆生，都肯發心求證無上正等正覺，聽到我的名號，也肯以清淨心隨念我的話，一旦他們到了臨終時刻，由於心神不會散亂，那麼，我就會在一群比丘恭敬地前呼後擁下站在他們面前，若不能如此，我現在就不證這個無上正等正覺了。」

由此可見，『無量壽經』上說要迗往迎來，殊不知那是以臨終的正念和念佛爲條件。只有臨終懷著正念，才能得到阿彌陀佛的迎接，和往生到淨土。

沒錯，所謂臨終正念，即是得到阿彌陀佛來迎接去淨土的好處。

『阿彌陀經』

在『阿彌陀經』裡提到善男子、善女人若肯稱呼阿彌陀佛的名號一日兩日，乃至七日，而一心不亂的話，那麼，他便能受用下列的好處：

「這個人在臨終時，阿彌陀佛偕同一群聖衆菩薩會來到他的前面，當他性命結束之際，會使他心不顚倒錯亂，也就能往生到阿彌陀佛的極樂國土。」

它也意謂臨終正念要靠阿彌陀佛來迎接才能圓滿成就，一天乃至七天念佛到一心不亂，表示正念要持續到臨終以前，而這是聖衆來迎的原因，也算臨終的正念往生了。

『觀無量壽經』

再看『觀無量壽經』的下下品往生，會發現上述『四分律行事鈔』所引用『大智度論』所說——即使一輩子做惡，只要臨終生起善念，便能往生到天上界，而這跟下下品往生屬於相同的思想。請讀這段內容——

「所謂下品下生，就是指有些衆生造了不善業的五逆十惡，具諸之善，這種愚人造了惡業，才會墮入地獄，歷盡多劫，受盡苦楚，諸如這種愚人頻臨命終時，會遇到善知識，得到種種安慰，爲他說妙法，教他念佛，如果發出至誠心，稱名念佛，具足十念，稱號南無阿彌陀佛。在念念之中，會除去八十億劫的生死重罪，命終時會看見金蓮華。它彷佛日輪一般，住在其人前面，一念之間如此，就是往生極樂世界了。」

這正是臨終的正念往生，和聖衆來迎接的詮釋。同時指出一輩子作惡多端的大壞蛋，即使在地獄受盡苦楚，但在臨終之際，只要肯發至誠心稱名念佛，那麼，自然會消滅八十億劫的重罪，同時馬上能夠往生到西方淨土。

從這些經典可以獲悉臨終的正念是何等重要，臨終念佛又是多麼不可忽視。所以，臨終行儀對於人的往生非比等閒，在中、日兩國的佛教社會都很愼重其事，不敢大意。

諸家的傳承

曇鸞與道綽　北魏有一位曇鸞法師在『淨土論註』卷上提到一個問題：『觀無量壽經』的教誨——「靠臨終那十念念佛，就能消滅曠劫以來的罪業，往生到淨土」，這跟『業道經』所說：「業道彷佛計劃一般要先除去重物」這句教理不是互相矛盾嗎？

所謂五逆十惡那種曠劫以來的罪業實在太重，單靠臨終僅僅幾聲念佛，再輕聲亦無妨，透過這樣念佛便能消滅下地獄的罪報，而得以往生到淨土，這是爲什麼呢？

這個答案是，罪業能否消滅，完全在心在緣與決定等三個意義上面，而不是由時節遠近，或罪業多少來判定。所謂「在心」者，意謂他所以會造下重罪，出在他的心虛妄與顚倒，而這個十念念佛是從善知識口中聽到眞實法義才會生起，所以，一是眞實，二是虛妄。靠這樣眞誠念佛，當然能夠勝過虛妄的造罪了。關於這件事不妨打個譬喩來說，有一間暗房歷經千年歲月，始終黑黝黝，伸手不辨五指，但若稍微射些光線進去，暗房就會頃刻亮了起來，可見千年的暗房被剎那的光明破除了。所以，我們不能執迷那間房間黑暗長達一千年，短暫的光明就無能爲力……。

還有一位道綽法師也在『安樂集』卷上提到跟上述一樣的問題，我們不妨引用『遺日摩尼寶經』爲證——

「佛告訴迦葉菩薩說，雖然一切衆生在幾千巨億萬劫之間，沈迷在愛慾裡，被罪惡層層覆蓋著，若能聆聽佛經而起一次善念，他們的罪業會頃刻消失。」

這也意謂一度念佛也能消滅無量億劫的罪業，而這個就叫做「在心」了。

其次談到「在緣」，不論任何緣，凡是造業時所緣的情境，都由煩惱虛妄的衆生引起的，而這些煩惱衆生的心都是妄想，都是虛妄。

再說十念即是靠無上信心生起阿彌陀如來的眞實淸淨，並藉著無量功德的名號而生起的東西。一是由煩惱的凡夫引起的，二是由眞實的彌陀名號引起的，透過這些當然可知其輕重狀況了。

如果打個譬喻來說，一個人被毒箭射中時，縱使從筋肉到骨骼都受毒傷，倘若剛巧身邊有一個滅除藥的大鼓，那麼，傷患一聽到鼓聲，毒箭就能迅速拔出來，毒害也得以消除，一切都能痊癒，不管傷得多重，毒傷有多劇烈，只要一聽到大鼓聲響，必然會痊癒起來。反之，沒有人會聽到鼓聲，而拔不出箭，毒氣也去不掉的情形。這叫做「在緣」。

再談到「在決定」，意謂心意已定，不會動搖。若說怎樣決定呢?事實上，造罪是平常時節，存在「有後心」與「有間心」，以致不會毅然決定，大會動搖不已。有後心就是後來持續的心，即使想下決定，奈因有後續的心，才不能毅然決定下來。有間心即是生起間雜的心念。

十念正是臨終之際，既無後來的心，也沒有間雜的心，所以才會決定眞誠念佛，而絲毫不會動搖。

若用這種「在心」、「在緣」和「在決定」等三項意義，跟念佛及無量劫的造罪做一比較的話，可知念佛是比較重，造罪比較輕，因此可以說明『業道經』上那句「從重物中除去」的教諭之間沒有任何矛盾了。

唐朝的道綽和曇鸞兩位法師的意見完全一樣，在他那本『安樂集』卷上所寫的文章幾乎都是沿襲曇鸞的意思。惟一不同的是，他在「在決定」方面又引用『大智度論』三段話來證明，僅此而已。

還有道綽在『安樂集』卷下的開頭記載曇鸞法師的傳記，談到法師生命垂危時，果然有衆菩薩來迎接往生，因爲寺廟附近居住的道俗兩衆，都曾目睹幡花反映在院裡，也聞到異香撲鼻，聽到音樂來迎接法師，成就他的淨土往生。這就是臨終迭往迎來的實際情狀。

不消說，臨終有菩薩衆來迎接往生的情形，不僅曇鸞一人而已，在中國往生傳、高僧傳及其他文獻上也屢見不鮮，簡直多得不勝枚舉，恕我不在此贅述。

善導——傳說唐代有一位善導法師寫一本『臨終正念訣』留傳下來。當然，從書誌學上看，這本書完成在宋朝年間，因爲大家都傳說它出自善導之手，致使世人都欲探討善導的生平與學風狀況。我們可以說善導的著作裡，不難察覺他的思想一直重視臨終問題。

在此，不妨先窺視一下他那本『臨終正念訣』。

宋朝有一位王日休在『淨土文』第十二敘述：「善導和尚臨終往生正念文」，我們不妨從這篇文章觀察臨終正念的情形，其中詳述四個問答。

㈠、有人問道：世間諸多事情裡，最重要的是生死大事。一息不存，便是死後的世界了。病重得要死時，心神散亂，又被旁人搞得煩惱極了，以致正念紛擾，忘失了淨因。這一點敬請法師開示淨土的途徑。

答：性命重危，頻臨死亡，希望往生的人，千萬不要怕死……通常病重到了臨終階段，就要體認無常的人生，一心一意等著死亡時刻；家人、探病者和其他在場者都要替他念佛，希望不要閒談世間和家庭等瑣雜事情，也不要說些不痛不癢的安慰。因爲這些對於往生淨土毫無益處，反而有害處。眼看他（她）快要斷氣時，親屬們不要痛哭流涕，大聲哀號，這樣會擾亂死者的心神，讓他（她）喪失正念。大家只要異口同聲念佛，助他（她）往生，等待生命的終結後才開始哭泣。縱使僅有些微留戀世間的心，就會變成妨礙，以至不能解脫了。如果淨土裡有些開朗歡喜的人，能夠不時來鼓勵的話，那就非常幸運了，這樣一來，死者肯定能夠往生淨土。

㈡、有人問道：應不應該請醫生來給他服藥呢？

答：服用醫生的藥物一開始也許有效，但是，服藥的目的在治病，希望病癒，而今這個人的生命無藥可救了。性命要終結，服下什麼藥都沒有用了，若想服藥來挽回他的命，那可千萬使不得。

㈢、有人問道：祈禱神仙賜給他（她）幸福可以嗎？

答：人的壽命長短，從一出生開始就是定著下來，爲什麼還要向神祈求呢？這樣能延年益壽嗎？倘若迷惑邪信、殺牲祭拜鬼神，拚命祈求的話，反而增加罪業，會讓他（她）更短命了（以下省略）。

㈣、有人問道：平時不曾念佛的人，臨終念佛也能夠往生嗎？

答：不論僧俗或男女，縱使平時未曾念佛，臨終念佛也可能往生，千萬不要懷疑這一點。反之，看到許多人生平勤於念佛，也常禮讚佛，希望往生去西方，但到臨終時，惡病叫苦不迭，突然怕死起來，反而很難向他說往生解脫的事，直到生命結束以後才要十念，和敲鐘作響，這彷佛小偷走了才要關門的情形一樣，一切於事無補（以下省略）。

以上四個問答題雖然是藉著善導之名而創作出來的，其實善導的著作談論臨終正念，到處開示病人可以靠念佛來消滅八十億劫的重罪，之後往生到淨土。正因善導竭力強調病人得靠稱名念佛來消滅無量億劫之罪，才能往生淨土，所以才會說臨終時要正念往生。

例如，『觀無量壽經疏』是一本註解『觀無量壽經』的書，其間詳述臨終的念佛往生是理所當然，因為『觀無量壽經』強調臨終能夠正念往生，所以不必再引文論證它的可能性了。

還有隋、唐、宋朝以後的諸位淨土大德，都著作各類書來宣揚淨土往生，其實他們都談到淨土經典所說臨終的正念往生，而這一點是毋庸置疑的。

例如，隋朝慧遠的『觀無量壽經義疏』，天台智顗的『觀無量壽經疏』、『阿彌陀經義記』，假託書的『淨土十疑論』，三論的吉藏有一本『觀無量壽經義疏』以下；唐朝迦才有『淨土論』，懷感有『群疑論』，窺基有『西方要決』，元曉有『遊心安樂道』，法照有『五念法事讚』，飛錫有『念佛三昧寶王論』等，至於宋朝以後有關淨土方面的各種書，可以說全部在討論這個問題。

若要再列舉別的例證，未免太過繁瑣了，若要談論淨土教的重大教義之一，除了這一點，其他可以說沒有什麼好談。總之，臨終正念、十念具足、迎接往生，正是所有淨土教徒不能等閒的重大問題。

六、對待死者的儀禮

㈠、儒教的死者儀禮

「復」的行事——

所謂「復」者，就是讓死者恢復原來的身體，把死者的靈魂呼喚回來的儀式。換句話說，即是招魂復魄的行事。

依儒教來說，這是很重要的行事，其實在古代社會不限於儒教如此，任何民族都有這類人間感情的表現；對於死者流露至誠之情，哭泣之餘，不停地呼叫他（她）的名字，希望喚回死者的靈魂，不論古代或現代人通通一樣，結果使這種情形成了一種特別儀式或行事。但在儒教裡要用「復」的儀式，彷彿將死者放進棺材前必須要沐浴一番，而成為一項制度化的情節一樣。

『禮記』記述禮儀與祀祭的事，在古代書卷二十二的「喪大記」，和同類『儀禮』書中的「士喪禮」篇內都詳述這類叫回靈魂，或復的禮儀。

事實相當麻煩，如我們想像一樣，雖然可以很簡單地攀登到屋頂上大叫三次，但也要看什麼身份，和當時穿什麼衣服，兩者都有差異，當然，男人和女人的呼叫聲音也不同，甚至攀登口及梯子製作人都有規定，一切都有制度化的儀式。

依據『禮記』的「喪大記」上說——

「諸侯死了要舉行復事時，如果有山林的人，就要管理的虞人來造梯子登上屋頂；倘若沒有山林的話，就要一個叫狄人的卑賤工人來造梯子。那麼呼叫者是誰呢？一定要最親近的人，服裝規定要穿宮廷服。這也要依據死者的身份和性別來規定不同的衣服。不論如何要從東隅登上，向危險的屋頂中央前進，朝北方連喊三次死者的名字，叫完後將死者的衣服揉成一團往地面丟下，站在地面的人不要用手接入箱子裡。當復者要從屋頂落下時，得從相反的西北隅下來。

爲了叫回死者的靈魂，被拿上屋頂的那件死者衣服，要原原本本地覆蓋在死者身上，但不要改穿上去。

站在屋頂上叫魂的名字，如果死者是男性，就要一直叫他的名，倘若死者是女人，就一直要叫她的字。這樣大叫三聲，如果死者還不能返魂，就得確認是死了無疑。

其實，在舉行「復」儀之前就有親人在哭了，這樣才有復儀，待復的行事結束後，就要說明哭禮了。

號泣之禮

『禮記』的「喪大記」篇也提到對於死人的哭禮問題：「當親人一過世，復前主人就要啼，兄弟要哭，婦人要哭踊。」啼是指嗚咽，由於哀痛極了，才會忍不住嗚咽，但不能哭叫。哭是指出聲哀叫，因為兄弟不如子女來得親近，情感稍嫌薄些，才能哭出聲來。還有婦女的哭踊，倒不是指所有婦女而言，而是指孝女或死者之妻要啼泣，至於其他婦女限於親情較淺薄不能啼泣，只能哭和跳腳悲泣。這就是書上規定的啼哭行事。

因為放聲哭號等於悲傷到了極點，即使今天在中國、韓國等地舉行葬式，也習慣僱用專人（女性）來哭叫，由此可見儒教的禮制多麼重視人死要哀號或大哭大叫的規矩。

然而，這種哭號不僅要在追悼會或葬式時表現，完全是一種儀禮，甚至葬式完畢，去墓地悼祭時也需要這一套。記得以前我遊歷中國大陸，曾去五台山參訪，正在觀賞各家寺廟的古碑之際，忽然目睹一位婦人站在一座墳墓前哀聲哭泣，我忍不住暗忖到底怎麼回事呢？居然在人來人往的衆人面前放聲哭泣，未免太形式化了吧？當然，這也許是我個人的誤解也說不定。

不管怎樣，我們知悉古代『禮記』所規定的哭泣儀式，直到現代仍然是中國社會的習俗，可見它在一般人心目中佔有非同小可的地位。

但話又說回來，放聲哭泣也不是任何時間，或任何地點都能任意表現，而是有明確的規定。

請讀『禮記』的「檀弓」上第三有一段話——

「伯魚的母親死了，伯魚服喪一年，依然哭泣不停。有一天，孔子聽了忍不住問著，誰在大聲哀號呀？門人答說，他名叫鯉，字稱伯魚（伯魚是孔子的兒子）。孔子說，唉呀，禮貌太週到了。伯魚聽了就除掉了喪服。」

由此可見，哭泣這種儀式也有程度，倒不是任何時間或隨心所欲可以表現，而且還必須考慮什麼人和彼此的親疏關係來決定哭泣的場所，諸如這些似乎都有規定。走筆至此，請讀『禮記』的「檀弓」上第三：

「伯高在衛國死了，使者聞訊趕來，便將此事告訴孔子，孔子聽他說，我到底要怎樣哭號才好呢?倘若是自己的兄弟，按照規定要在家廟裡哭號;如果是父親的朋友，規定在廟門外哭號;如果是老師，便在正座墊子上哭號;如果是朋友，規定在坐墊外哭號;如果是熟人，便得在野外哭號。而今伯高死了，要我在野外哭號的話，未免太過疏遠和草率了;倘若在坐墊上哭號，又太過愼重了，本來嘛!伯高是孔子那位名叫子貢的弟子介紹我認識的，算是熟人吧!這樣就在子貢家裡哭號此較妥當，最後，孔子吩咐子貢，將他以喪主身份處理……。」

這條規則與慣例如果按照既定的禮法時，那麼，早在孔子時代便發現哭號的場所，也得看他跟死者的親疏關係如何來決定，而似乎有不同的表現。沒錯，繁瑣的規則，包括悲哀的表現如哭泣方式，和流淚情狀等規矩未免太過形式化，而這似乎是來自中國古代那套方法。

有一位名叫特賀洛脫的學者在『中國宗敎制度』這本書上，曾經引用一段話，那是『南史』卷二十四記述王秀之死於隆昌元年(公元四九四年)，他在遺言狀上寫著:「給我穿上朱服放進棺材，給我祭供酒和乾燥肉，其他什麼都不要。世人僱些僕妾來大聲哭號，其實哭號應該是喪主的事，而大多數人吵吵嚷嚷，大哭大鬧，一點兒供養意思也沒有……。」

由此可知早在南北朝就習慣僱用一批男女來哭號了，但也可見哭號悲泣在葬式或追悼會上是不能缺少的一件行事。

至於哭泣的儀式也有諸多不同的規定，尤其『禮記』第三十四的「奔喪論」，詳述自己在異國乍聞親屬的死訊，急著回國奔喪時也有一套哭的方式和場所，由於內容太長，恕我不在此贅述。我們說怎樣哭號，目的是在表現人類悲哀的情狀，不料，最後反而成了形式化和儀禮化了。

沐浴

死人穿上新衣服，刻意清新一番，叫做死出的裝扮，這種儀式每個地方大體都一樣，而中國社會自古以來深受儒教的影響，它到底有哪些規矩呢？現在依據淸水、荻野共譯那本『中國宗教制度』（特賀洛脫著）上所說——

「大體上，替死人洗身的勞務，要由家屬中一位女性負責，倘若死人家屬裡沒有這種女性，就要請一名有經驗的中年婦人來擔任了。在淸洗的時候，可別讓遺體裸露出來，只需用手通過衣服下面，靠濕手擦拭一下遺體，淸潔一番就夠了。但也有極例外的情況，無異一項忌諱，那就是死於傳染病，或在死時特別骯髒，致使家裡沒有人敢洗，那就要出錢僱人來洗了，而被僱來的人通常遇到如此不舒服的作業，都會要求較高的報酬。」

這種替死人洗身體的規矩自古以來就存在了，在『禮記』的「喪大記」上也仔細說明這種洗澡水要由誰，且從哪裡掐回來呢？接著應該怎樣淸洗呢？

小斂與大斂

第二天，死者要舉行所謂小斂的儀式。斂即是收拾或收藏等意思，將屍體收拾好，給他（她）換上新的死人裝扮，也要搬到別處安放。

『禮記』的「喪大記」上說——

「小斂就是身爲主人的喪主，在房內面向西方坐下，主婦向東方坐著，同時把衣服給死者包紮起來。結束後，主人靠著死人跳腳哀號，主婦也表現一樣的動作。這時候，身爲主人的喪家之主，要撤下頭髮，如果死的是父親，就要剪落左邊的頭髮；如果死的是母親，就剪落右邊頭髮。這些頭髮用痲結紮起來。之後，男女把死者安置在堂上供奉，且下堂禮拜。」

以上叫做小斂儀式。

在小斂儀式時，又要向死者擺上供物——兩髀、兩肩以下的牲肉、酒、鹽和肉脯，而這種供祭叫做奠。其實，在屍體前供祭肉類跟佛教的規矩不是全然不同，毋寧說，佛教最重視殺生戒，也就是以不殺生爲首要，像魚肉的祭供最受排斥，或者完全禁止，而這一點是儒教與佛教在喪祭儀式與思想上的最大差異。

小斂的次日，也就是死後第三天，便要舉行大斂的儀式。顧名思議，大斂是把小斂儀式的小規模擴大起來，就是移動屍體的場所，把屍體捆紮好，例如綁捆的東西，衿、衾、死者的葬衣和褲子等大小及枚數都有不同的規定。再由於身份不同，差別也非常大。

『禮記』的「喪大記」上說：

「大斂時得用麻布的首卷，縱放三枚，橫放五枚。其他得用一枚麻衿（夜具），二枚衾。以上是君主、大官和一般士大夫共同的規定。如果死者是君主，那麼，得用百件衣裳，衣襟放在北側，主要東西放在西側，雜物陳列在中庭。若是大官，就要把五十件衣裳，排列在東邊走廊下，衣襟放在西邊，主要東西放在其他雜物的南邊，若是一般士大夫，就要把三十件衣服陳列在東邊走廊下，衣襟放在西邊，主要衣裳放在其他衣裳之南。所謂首卷與衾者，意指朝服與品質相同的東西。三枚首卷者，一幅要裁斷，末端不要裂開。衾要用五幅，一端不要附有常見的緣。」（錄自清水、荻野共譯：『中國宗教制度』）

由此可見小斂與大斂的儀式，規定在死後第二天與第三天舉行，所謂斂即意謂「收藏」，換句話說，替死人更換新衣服，再將屍體包紮收藏起來，而所謂大與小的差別，在死者身穿的衣服和蓋被等份數，通常小斂用十九件衣服，大斂用三十件。這些準備儀式規定得很嚴格，而上述只是大體上的一部份。還有小斂前，沐浴後所要舉行的儀式，尚有含飯和襲等事。

含飯與襲

含飯儀式是讓死者口裡含著米。事實上不僅限於米而已，有時也在嘴裡含著貝、或含著玉。所以也叫做含玉。

本來要讓死人口裡含著東西，奈因死人的嘴巴閉得很緊，無法含飯而傷透腦筋時，只要確認死亡的事實，趁著沐浴之際，趕緊在嘴巴尚未閉塞的上下齒之間，使勁兒放進角製的匙子，這叫做楔齒。『禮記』上是這樣記載的。

這一來，主人就方便在死者口中放入滿嘴的米了。左右中央再放三次到九次的貝。其間，主人要捲起左邊肌膚的袖子，露出肌膚進行這項儀式，做完後才把衣袖恢復原狀。

那麼，像這樣讓死人嘴裡含飯，含貝或含玉等規矩，到底代表什麼意思呢?古往今來衆說紛紜。

一位日本學者叫做西岡弘在『中國古代的葬禮與文學』裡有一段話說——「先前讓屍體沐浴的意義，一方面是『復』的行事持續下來的規矩，意謂招魂復魄，希望甦醒過來;另一方面想要藉屍除去邪惡的精靈鬼怪，具有避邪的意思。那麼，含飯大概也是同樣的解釋吧!?」「不妨重複說一遍，穀物與貝殼之類，象徵再生與生殖力，也就是象徵生命力這股力量，嘴巴再含著玉塊，意指同樣不變不壞和活力的象徵，接著表現哭踊、復、沐浴，旨在希望復活，一試再試，靠咒力避邪的念頭，即是含飯的原義。」這種論點的確值得肯定。

含飯儀式一結束，就要舉行「襲」的儀式了，所謂襲者，就是給死者披上上衣，而襲的儀式不外在死者沐浴完畢，把屍體清潔一番，含飯也結束了，依照規矩逐一將衣服讓死者穿戴整齊。

雖說更換衣服很單純，殊不知『儀禮』的「士喪禮」和『禮記』的「喪大記」再三交待要謹愼，並列出詳細的規則，因爲要講究這種作法，才要求各類衣服和相當的人來替死者更衣。

當這些作業結束後，才要舉行小斂與大斂的儀式，而這些都得在死後三天之內結束，一般人會接著上門來，之後就要入殮，因爲要將死者入土埋葬，才要放入棺材。

納棺（入殮）

一旦大斂完畢，依序要進行入殮儀式。所謂納棺或入殮，就是人死之後要經過多久才能進行這項儀式呢？通常都規定大斂之後第三天，但依據『禮記』上說，天子要到第七天才能放進棺材，諸侯在第五天放入，大官和一般士大夫要在第三天放入棺材。

納棺這碼事很特殊，棺材要用堅硬的木材製作，且在父母有生之年做好，放在父母的床第間，才是孝子的職責，也被看作孝順雙親的行爲之一。記得有一次我到鄉下旅行，曾到一個家庭目睹棺材放在那裡，忍不住覺得怪怪，但又發現棺材又沒有腐朽，品質相當不錯，的確是精選的好木材，老早就爲父母親備妥這份死亡的裝備，眞是用心良苦，也堪稱一項孝行了。

棺材的目的是相信死人會復活，爲了使棺材不會腐爛，就要下了很多工夫製作好棺材，例如棺材的厚薄，依據『禮記』上記載，天子的棺材要四層厚達八寸，諸侯要三層厚達六寸，以下爲雙層或一層，厚薄依照身份不同而異。近年來，諸如此事在中國各地紛紛發掘出許多古墓，發現死者完全似活生生的狀態，這一點應該能夠證明古代文獻的記載。

入殮納棺的儀式，誠如上述，須在大斂結束，完全確認死亡的事實，才把裝扮好的屍體放進棺材裡，主人供奉著它放進泥坑中埋葬。總之，納棺一詞是將屍體放入棺材中收藏之意。

殯——

這一點也跟佛敎大不相同，因爲在埋葬之前，還得舉行所謂第一次大葬的「殯」儀式，通常送到我們事先選中的郊外土坑去埋葬者，叫做第二次埋葬，而第一次下葬叫做殯，從第一次下葬起到第二次埋葬在墓地期間，規定要依據身份停留一個月到六個月以上。

所謂殯也叫第一次下葬，那種情況是在大斂儀式做完之後，在房地內挖一個坑放下棺材，當然要將死人放進棺材裡蓋好，一面進行跳舞之禮，一面從西階降落完畢。

那麼，第一次下葬那個「殯」字到底怎麼回事呢？依他們看，只是暫時出殯的意思，正式下土埋葬以前，把屍體放進棺材，暫時安置一下而已。至於要安置在什麼地方？就規定在住宅或房地內。當然，這種規定也因為時代、國家和身份不同，而使安置場所和方法也隨之不同。

暫時出殯就是暫時之喪，他們不認為完全沒有希望，只是暫時死亡而已，只要認定人確實死了，才要蓋棺收埋。意謂一般人的心情，尤其是古代人，總盼望死者的魂魄有一天能夠回來，那麼，在入土埋葬之前，都不會立刻進行正式的葬禮，反而暫時葬在殯宮，等待死者的靈魂回來。這是殯字的原義，但後來變成形式化，先得葬在殯宮。天子要等七個月後，諸侯須等五個月後，士大夫也得在三個月後才得下葬，而這也是『禮記』的規制內容。

這種情形稱為假葬，「殯」的儀禮在佛教裡，恐怕跟日本人所謂密葬與本葬的用意一樣也說不定!?

(二)、佛教的死者儀禮

再談一下佛教對於死人的儀禮問題，其實，佛教是一種拋棄世俗禮法的出家法，所以，對於死人的儀禮也可分爲出家人法與在家人法的不同，不謹印度佛教有這種差異，在中國佛教方面，當然也有這兩種人的不同儀禮。

中國佛教始終都是中國人的佛教，爲了順應中國習俗，而改變了佛教原來的風貌，這就是中國佛教之所以成爲中國佛教的原因。

關於這一點，不論從佛教教義，或佛教的各種行事與儀式來看，都不難發現中國佛教其實是儒教性的佛教，也是道教式的佛教，而不能說是原來的印度佛教了。

這一來，我認爲在死人的儀禮與葬法制度方面，中國佛教就吸收了很多上述的儒教性儀式了。不但出家人方面如此，縱使一般老百姓，或在家佛教徒在死人儀禮方面也非順從中國社會的習俗不可。

當然，這個意謂佛教界對於出家人與在家人的埋葬法有很大不同，至少出家人要依從佛教式的埋葬法，那麼，在家人的埋葬法則是不是屬於儒教的佛教呢？我一直想執筆叙述這項觀點。

那麼，這些行事的資料要從哪兒找起呢？想來想去不外上述那本『臨終方決』和宋代的『禪苑清規』，元代的『勅修百丈清規』，加上『釋氏要覽』等書，當然除了這些中國資料，還有不少日本資料也派得上用場，例如，松浦秀光著『禪家葬法與追善供養的研究』也能參考若干。

再說病人終於一命歸陰，那麼怎樣處理這個死人呢？詳情如下：

㈠ **用布蓋住頭面** 這一點跟儒教相同。

㈡ **浴亡與淨髮** 替死人洗淨身體，今天沿用此例。不論在家人與沙門都不例外。其次是剃髮，表示出家得度的意思，還有指甲也要順便弄乾淨，等於例行公事。

㈢ **明衣** 在衣服上寫些經文替死人穿上。這種衣服叫做『經麻布』，也叫做明衣。『臨終方決』寫著：「替他（她）穿上新淨衣，讓他（她）安詳地坐好。」就是指這種衣服。那麼，爲什麼要替死人穿上這件衣服呢？原來眞言的陀羅尼經典提到前世的罪業者，倘若在衣服上寫著眞言陀羅尼，那一定不會退轉，可得無上菩提，是不會下地獄，反而能往生到淨土。

㈣ **數珠**、**脚絆**、**革履** 這些也許替死人準備到黃泉路上的用途，出自『勅修百丈清規』一位亡僧。

(五) 六道錢 日本人叫它六文錢，習慣放進棺材裡，聽說亡魂要橫渡三途河時，可以做船費，也有人說六道輪迴時當做路費。總而言之，中國從古代漢朝開始就有這種習慣了，不過到了五代前後，就特地製造陰間用的紙錢來替代六文錢這種實際的銅板錢了。

(六) 死者的姿態 讓死者合掌、頭部朝北、面向西方，右脇臥著，現在日本在家、出家兩僧都依這種方式，他們想要做效佛陀涅槃的姿態。

(七) 枕經 若家裡有人死了，馬上請僧人來誦經，這叫枕經。宋朝那本『禪苑清規』上說，這是誦戒迴向，而所誦讀的戒經，好像是『遺敎經』。那麼，爲何要讀枕經呢？有人說今天仍在追善死者，果眞這樣嗎？依據佛敎原先的習慣，並沒有追善這回事。因爲佛敎主張自食因果，自作自受。

這套追善讀經的行事，出自東晉時代的『灌頂經』和『隨願往生經』，若肯爲亡魂誦經，縱使他（她）在地獄，也能靠這種功德往生淨土。由於受到這些經典的影響，中日兩國佛敎徒爲了要追善和追福給亡魂，致使死後盛行誦讀供養的儀式。這一來，死後馬上進行枕經，不外希望這樣追善亡魂，即使要下地獄的惡徒，也能藉這份枕經功德，改往安樂淨土，而這一點無疑是死人家屬的熱烈盼望，同樣地，這種盼望也許才造成枕經，或徹夜讀經的習俗。

(八) **通霄徹夜** 許多親友聚集一堂，又請僧人誦經，整個晚上都明亮，是人情所至，也是一種很自然的情況。

(九) **納棺入殮** 倘若讀到『勅修百丈清規』卷上遷化這一項，便知死人的佛事要從入龕開始，依序說得很明白。

入龕、移龕、鎖龕、法堂掛眞、舉哀、奠茶湯、對靈小參、奠茶湯、起龕。山門前頭有眞亭掛眞、奠茶湯，秉炬、安骨、提衣、起骨、入塔、入祖堂、全身入塔、撤土。

禪宗清規即是禪宗的寺院規則，由於有書記述各類職制，奈因都屬於禪宗的專有名詞，不同於普通會話，實在不易理解。

所謂入龕、移龕或鎖龕這個龕字，大體上說是把屍體放進棺材這回事。入龕即是入殮或納棺，而移龕不外把這副棺材移到別處放好。

本來龕的意思是，挖掘岩壁，用來安置佛像才叫做龕，從此以後，凡是安置佛像都稱爲龕了。至於這個龕爲什麼在禪宗裡被當作棺的意思呢？至今我仍不明白，但中國宋代的『禪苑清規』卷七亡僧這一項裡，顯然把龕當作納棺的意思，好像中國人早就把龕當作棺來用了。

當然不是把屍體直接放進龕裡，而是先放入木製的棺材中，之後才放進美觀的龕裡面。

這樣入殮或納棺，再放進龕裡收藏好後，接著出棺去火葬或土葬。如果進行火葬，就要撿骨，在安置骨灰之前，尚有一套順序與情狀，不妨看看『百丈清規』怎麼說？

『勅修百丈清規』是唐代百丈禪師所制定的清規，到了元朝才經人將它整理成書，所以後人把它看作元代的作品，殊不知有不少從唐朝到宋朝期間的追溯內容。

這本書的卷五有一段住持章，其中有「遷化」一項，還有卷七也有「亡僧」一項，而這兩項都談到葬儀之事。「遷化」叫做尊宿遷化，敘述一間寺廟的住持死後的葬儀，但在卷五住持章這段遷化裡，所謂亡僧者，就是指一般出家人的葬儀。可是出家人的葬儀方面也有兩類，一類屬於住持，而另一類是一般僧衆。還有另一種不是出家身份，即是在家人的葬儀也爲數不少。所以，佛教的葬儀可以說有三種。

同樣屬於佛教徒就有三種，尤其在中國以禪爲中心，他們要仰賴這些清規，大體上全都一樣，只有迴向文句及其他方面稍有差異。

以上談到屍體入棺之後，所要舉行的諸般佛事。

(1)、入龕前的供祭品

入龕再安置到規定的場所之後，必得在那個龕前放一張桌子，豎立一個牌位，放置燈、花和香。因爲此時此地等於葬儀場（追悼會）。所以，那種花叫做四華，或稱爲紙花；就是剪下白紙捲成棒子的東西，要豎立四根紙花。到今天爲止，日本仍然沿襲這種行事。

在住持遷化這一章提到供祭品者，通常擺出死者生前所用的道具，就彷彿提供給活的人一樣，親切地要他（她）好好使用。朝晚兩次供祭茶水和粥飯，茶水也可在早晨、白天和晚上各供一次，燒香完畢。供祭品當然以蔬菜爲主，決不能擺上魚肉和其他加工品。

這一來，無疑加強了龕前的莊嚴氣氛，接著，在龕前開始讀經迴向。這是入龕時的讀經佛事，跟個別舉行的情況，也有入龕佛事同時進行的場面，不過，這些可不是出家人的情狀，而是在家人的葬儀。

(2)、移龕、鎖龕、起龕等佛事

移動這項佛事，就是把原來放在寢堂的龕移到法堂的經過。

移龕是因為在移動前就已經安放在寢堂了，如果是在家人，寢堂就等於客廳，在這裡讀經迴向，之後馬上鎖龕，也就是把棺材完全蓋緊了。出家人的情況是，從寢堂移到法堂，並在那裡舉行鎖龕的佛事。

起龕就是慢慢送到郊外的佛事，而今日本人如果住在大都市，舉辦葬儀是無法想像的事情，葬儀場在遙遠的荒郊野外，因為要扛著龕，排隊前進，所以，起龕佛事實在可以說是離開家庭，抬著棺材遠出的勤務。

七、送葬的儀禮

㈠、儒教的送葬

這一章也跟前面一樣得依據『儀禮』來說明了。『儀禮』包括三禮——一是關於送葬的事。例如上述的「士喪禮」；二是「既夕禮」，例如現在要說明的葬儀場儀禮；三是「士虞禮」，也就是葬儀完畢以後怎樣祭祀的問題。

有關古代儒敎式的送葬儀禮，誠如上述亦稱爲第一次下葬，是在殯宮儀式以後，就要進行所謂本葬，亦即埋葬的儀式了。這種儀式更要小心謹愼，我曾在『儀禮』的「既夕禮」這一章說得很清楚，而今就來探究一番「既夕禮」吧！

墓地的選定——

其實，在開始本葬之前，一定要先選好墓地。不過，關於選擇墓地的作業要靠占卦師，我們稱他（她）們算命師，因爲他（她）們要用占卜來制定墓地的吉凶，之後才能下結論，而不是任何人都可以隨便做主。那麼，他（她）們到底要占卜什麼呢？那就是來自風水信仰那一套土地好壞的問題。

因爲墓地是死人永遠的住家，適當與否，方位與土質，以及水流狀況都要仔細調查一番，同時要選定最好的場地才對。這跟人類的住家相仿，都是理所當然的事。然而，到了後來卻因此衍生一大堆迷信與妄言。

所謂『葬書』之類的書刊層出不窮，不斷討論墓地與人類的生活關係，甚至扯到墓地與吉凶等問題，愈扯愈遠，也愈來愈奇怪。

選擇葬式的日期——

選好墓地之後，接著要依序選定葬式的日期了。依據「既夕禮」上說，凡能選擇墓地的人叫做占卜師或卜卦師，也被稱爲筮人，他（她）依靠易的竹夾來占卜狀況，他（她）要選擇葬式的吉時良辰時也不例外，而這群占卜師通稱爲「卜人」。

卜人的占卜倒不是靠易經，而是靠幾片被燒過的龜甲，藉著上面的裂縫或間隙來占卜吉凶的一套方法。但是，墓地選擇靠筮人，而葬日擇定靠卜人，各有不同的專門領域。當時占卜葬式的日期，旨在判定吉凶，但是，所謂日期時辰的吉凶是指什麼呢?時日的吉凶是對死人來說呢?還是對遺族來說呢?

當然,這對雙方面都有影響,由於古代人非常害怕死人的靈魂力量,所以,這種事與其說爲死人而占卜,不如說比較重視生者(活的人)的幸與不幸。總的來說,應該是爲生者占卜日期的吉凶才對。

第二次下葬——本葬

本葬會由於死者身份不同而有各種差別,在日期方面亦不例外,依照規定是,天子在駕崩後七個月,諸侯在薨後五個月,士大夫階級則在死後三個月才能下葬(本葬)。

普通老百姓也依據貧富程度,而出現不同日數。有些家庭讓棺材停留四十九天,有些家庭僅停兩、三天,而有些家庭把棺材安置在寺廟的某個房間,經過四十九天後才安葬出殯。

不過,在這段期間要非常愼重地對待死者的靈魂,要完全像對待活人一樣,盡心竭力供祭飲食和茶水。因爲飲食不受佛教規矩的拘束,所以,不但能祭酒,也能供祭乾肉、醃肉、魚類及其他加工食物,當然一切都要很講究。

既夕禮卽是本葬

現在要開始談葬儀了，首先必須搬動殯宮裡的棺材，這是啓殯或請啓期的儀式。啓即是打開的意思，而期就是離開殯宮的時期。

舉行葬儀之際，也就是開始殯宮的時期，一定要向主人打聽，通知兄弟親友、和殯宮方面。這個日子定在出葬的前一天，如果更早的話，便得在八天前決定好。搬出殯宮的棺材慚慚送往葬儀場去挖坑埋葬，具有告別的意思，故要向家祠（祖廟）禮拜一番。

這種祖廟規定天子有七廟，諸侯有五廟，大夫有三廟，士有二廟，下士只有一廟。因爲每天要向一座廟行禮，所以，這種啓殯的行事規定天子要在葬儀前八天舉行，下士要在二天前開始。

這樣看來，向自己家祠的祖廟行禮，表示要離開家庭，開始踏上遙遠的死亡旅途，生前扮演兒女的身份時，不論出門或回家，必定得向父母親問候或招呼一番，而這無疑是孝子應盡的義務，所以，爲了倣效這項習慣，而今要遠出家門，就要向自己出身的祖廟行禮告別一番，以盡人子之道。

陳列明器——

告別了祖廟，就是出葬的前一天，爲了要把死人埋在墓地裡，就要準備明器來陳列或擺設了。

所謂明器者，就是所有能讓死者使用的器具叫做明器，這可不是活人世界的名詞，只用在陰間的器具場面。所以，凡是從墳墓中挖掘出來的東西，都可以說爲「明器」。

那麼，既然要擺出明器，到底明器有幾種呢？它包括所有飲食用具，例如弓箭、犁、鋤頭等日常器物，還有樂器及所有娛樂用具都是。

再說食物方面有羊肉和豬肉，放入草包裡裝好，還有酒類，其中也能放進各種東西，從穀物到米、麥、粟等都不妨裝進去。

到這時候，總算結束了前一天的儀式，在一般情況下，那些前來供祭的人都會聚集一堂，當然主人要提供飲食了，到了葬儀進行那天也一樣，當天尤其要用佳餚待客，邀請附近所有的人來吃飯。

出發之際，所有的人都要把主人贈送的東西披露出來，其中有大型的物件，從馬匹到小玩具的彈丸都有。

這一來，就自然組成一隊抬棺材的行列，邁向埋葬的墓地前進了，這群隊伍也非同小可，大家拿著東西走路，包括所有明器，各種食物及其他器具，以樂隊等柩車爲主，陪伴的一大群親戚朋友都身披喪服，這種行列以柩車爲中心，載著棺材走向墳墓，而送葬人也要跟隨在車後。

在前進途中也有各種儀式，當然也隨著貴賤與貧富不同而表現若干差異，而這也會影響到哭泣婦女的多寡。

埋葬——

到達墓地時，就要進行埋葬的儀式，依照「既夕禮」上說：

「抵達壙（墓穴）處，器物擺在道路東西兩邊，以北爲上，先將茵放入，連到繩子。衆主人面朝西，以北爲上，婦女面朝東，皆不許哭泣，乃至窆。主人哭踊不算……。」

意謂柩車到了墳墓時，先將明器等物品放在道路的東西兩邊。但這條道路可不是一般人行道，而是往墳墓的道路，好像叫做羨道吧!?今天中國大陸挖掘不少古墳，果然出土不少非常壯觀的明器，而這就是現在所說的明器。

這時候，擺好了所有明器，就要卸下棺材，把舖的東西放在墓坑，之後準備將棺材落在坑裡，但要將繩綱掛住棺材。主人捲起袖子，衆主人面部朝西，婦人面向東邊站著，雙方這時都不准哭。這一來，棺材就靠著繩綱落入墓坑下面了。

這時候，主人和大家才開始號泣，悲哀到極點，哭踊不已。接著，主人要贈送禮物給死者，例如把衣服堆起來，還要贈些制幣，同時哭踊跳動三次。之後，把墓道上並排的明器放在棺材旁邊，爲了要讓死者馬上能夠用得上，就逐一收藏進去。所有明器都收拾完畢時，主人才向所有前來送葬的人打招呼，表示由衷的感激。

再回到最初放下棺材的地點，捲起衣服，哀號地跳著，這一來，在墓地舉行的儀式全部結束，才紛紛踏上歸途。

回到家後，先向祖廟報告，再到殯宮哭泣一番。

㈡、佛教的送葬——

乍看下，佛教的本葬儀式有些地方似乎跟儒教的差別不太大。例如，排隊送往郊區，並在那裡舉行葬儀，不過，自古以來就有兩種地點，一是葬儀場完全設在郊區的墓地，二是設在寺廟的庭院或本堂內，然而一般都選在正式的郊區葬儀場舉行。

如果隊伍抵達葬儀場的話，就要將那座放龕的涅槃台——叫做台座，由左向右繞轉三次，而這稱爲三匝，這倒不必整個隊伍跟著繞行，只需少數幾位近親者隨從即可。

被放在涅槃台上的龕，上面覆著天蓋，用四根大幡圍繞著，桌子前供奉些華、爐、開水和茶，再放些死者生前使用的諸般物品，並排整齊。

不消說，最後就要開始誦經了。凡是排列去過葬儀場的親朋好友們，都要來燒香告別。這時所誦的經典爲『無常經』。在『臨終方決』上面也提到這件事說：「請一位會誦經的比丘，爲亡魂誦讀『無常經』，但誦完後要用火燒掉。」

如果葬儀場是郊區的火葬場，不妨就在墓地誦經，其他人就地焚香告別，結束後進行火葬。倘若選擇土葬的話，就將棺材放入土坑裡埋掉，這一來就算葬儀完畢，人人都可以返家了。

這方面的順序，似乎儒佛兩教都一樣。

拾（撿）骨

所謂拾骨，就是採用火葬儀式，將屍體火葬，讓身體燒成灰燼，而剩下的骨頭骨片要怎樣處理的問題？至於土葬的遺骨倒不成問題。所以，關於收拾餘骨的問題無疑是佛敎的大事，但在儒敎卻不是問題。原因是火葬主要屬於佛敎的事，而土葬主要屬於儒敎，一般人都相信如此。

其實也不能這樣規定，因爲佛敎徒也有人選擇土葬，反之，儒敎學者也有人採用火葬，可說不完全按照規定。

再讀『勅修百丈清規』遷化這一項裡，提到佛事方面有安骨、起骨、入塔和全身入塔等，又在『禪林象器箋』的「喪薦門」裡，也出現收骨、安骨、起骨、入骨、撒骨、入塔和全身入塔等名詞。

其間，安骨與收骨是一樣，入塔、起骨與入骨也都相同。所以，有關遺骨的行事不妨依據『百丈清規』來處理，例如一般人可以離開火葬場，各自回家，只留下親人等待屍體燒完後，撿起或收拾餘骨才回去。這時候，敲響僧堂的鐘聲，聚集大衆，迎回骨灰，放在寢堂奉安，前面掛著遺像，開始進行安骨的佛事。

早晚兩次供祭粥飯，而茶水可分早晨、白天和晚上三次上供。今天的日本習俗也沿襲這些。

起骨就是入塔時舉行的佛事，響起鐘聲，召集大衆，從安放寢堂開始，一直搬到塔爲止，其間舉行起骨這項佛事。

這些可不是在家人的葬法，而是出家人送葬的儀禮。

誠如上述，佛教的儀禮分爲在家與出家兩種不同，當然，如『百丈淸規』上說，出家衆也有分別，那就是尊宿——住持，與一般亡僧兩種葬式。所以，出家人跟在家人不同，即使在家人也不是全部一樣，其間有貧富差別，致使他們的葬儀產生差異，但佛教方面的葬儀全都相同，希望大家注意到這一點。

在中國社會，幾乎都依據禪的淸規，所以，這種葬法看作一般出家人的葬法，這樣雖然沒有錯，殊不知出家人的葬法裡有些作法跟在家人完全不同，那叫做唱衣。

唱衣

不論是尊宿（住持），還是一般亡僧，反正死後要將他（她）的遺物做適當的處理。一部份要以三寶物的性質捐給寺廟，一部份要平均分給在住的出家衆，倘若有些東西無法平均分配時，就得將他（她）的衣服及其他東西拿出來拍賣，之後將所得金錢平等分配，且由大家均分。

這種拍賣在寺廟進行，叫做「唱衣」。

還有以廟產性質捐贈者，包括一部份遺物如田園、房屋或金銀等物都是。在出家人中，不乏相當財產當作私有物，而這表示中國寺廟有僧尼的一項證明。

八、喪祭的儀禮

(一)、儒教的喪祭

葬式完畢以後的儀禮，因爲死者早已被當作屍體處理掉了，所以，迎接亡魂就是指埋葬以後得到淨化的靈魂，被當作神一般迎接回來祭祀。

這是從『儀禮』中的「既夕禮」的葬式禮開始進展到「士虞禮」這一項。這叫做虞祭。虞祭一語的虞字，意指「安心」，也可譯作「安樂」。所謂虞的祭祀，就是葬式完畢回家，迎接死者的靈魂到殯宮祭祀，讓靈魂安樂的禮儀叫做虞祭。

舉行虞祭的日子，如果選在柔日，就得由『儀禮』的「士虞禮」來規定。那麼，柔日是什麼日子呢?原來，日子可以分爲柔日與剛日兩類，那就是十干以內的甲丙戊庚壬等日子屬於剛日，而乙丁巳申癸等日子屬於柔日。

柔日的柔字是指柔和或柔軟；意思跟剛字相反。柔日指陰，取其靜；剛日指陽，取其動的解釋。

所以，葬式要選擇柔日，那麼，始虞的祭祀也規定在柔日。不過，這裡所謂柔日或剛日，只是指陰陽，或靜動方面，而跟吉凶方面扯不上關係。

葬式或虞祭的日期規定，只是採用柔剛方面的柔，而不像日本依據日期來判定吉凶，例如葬式因為迷信就以為不宜出殯的日子要避免。婚禮屬於吉利，也特別選定大好日子。在中國，冠婚葬祭選在柔日無疑成了習慣。

那麼，這種虞祭跟葬日同一天舉行，且只辦一次而已，是不是這個意思呢？其實不然，請讀『禮記』有一篇「雜記」說：「士要三虞，大夫要五虞，諸侯要七虞，天子要九虞。」

每個階段都不相同，那就是天子的虞祭有九次，諸侯有七次，大夫有五次，士大夫階級有三次。

這一來，就把亡靈當作神來祭祀，所謂虞的祭祀是最先一次跟葬式同日舉行，那麼兩次、三次以後，又要怎樣或選在什麼日子舉行呢？士大夫的三次是這樣：

葬式那天舉行第一次、第二次在第三天，第三次又隔一天。至於日子呢？第一次選在柔日，第二次也在柔日，而第三次規定在剛日，這叫做始虞、二虞和三虞，三虞是庚日，也就是在剛日進行。

尸的問題

尸就是「替身」，意謂在祭神時供奉的代替神靈的物件。古時候在中國，祭祀父母親時，就把這副替身豎立起來，身爲兒女的人好像伺候生前的父母一樣畢恭畢敬地祭拜一番。中國的孝道依儒教看來，屬於最高級，也是絕對的倫理思想，那麼，祭祀死後雙親這種習俗，也就是在祭祀之際，把雙親的替身擺設起來叩拜，以表示孝子的心情。

尸即是替身，但原意表示「屍體」，依照加藤常賢博士在『漢字起源』一書上說，這個尸字的形狀相當於『說文解字』所說「卧形象」，尸字的音來自人在卧倒時手腳呈現鬆弛無力狀。人死後的身體還是鬆弛無力地垂下，所以就用尸字來表示了。後來又變作「屍」字，但在祭祀「替身」的時候，卻用「尸」這個字。其實，「替身」也不表示什麼狀況，只意謂在神位上躺著，手腳無力地垂下，彷彿神在下凡，所以才刻意用「尸」字。

那麼，神托附的尸會變誰呢？如果祭祀父母親的話，就不會變成兒女，而是由孫子來當尸了。

辦完葬式回到家，向殯宮禮拜之後，可以在同一天進行始虞之禮，這時候，有人不立尸，也有人會立尸。

陰厭與陽厭——

所謂陰厭，就是不立尸時所進行的虞祭；反之，陽厭就是迎尸所舉辦的虞祭了。那麼，陰厭與陽厭又是什麼意思呢？算是什麼儀禮呢？

先談一下陰厭的儀禮，依據『儀禮』上「士虞禮」這篇內容詳述，先把酒、豬、魚等供祭品，加上若干件器具擺出來，再由主人帶頭，率領一群親人站在固定席位向神上供。這時尚未迎尸，因爲沒有尸進行的儀禮就叫做陰厭。

不管陰厭或陽厭，先說這個厭字的意思。厭即是吃飽，吃得夠多或夠癮。這完全出自孝子的情懷，希望死人的靈魂盡量吃，或吃得心滿意足，才叫做厭。

所謂陰厭，就是不立尸，直接供奉靈魂的情形，而陽厭就是立尸，熱鬧地舉辦一場祭祀，謹向完全變成神的靈魂供奉各種佳餚，盼望他（她）來盡量吃飽，這叫做陽厭。

陰厭或陽厭舉行結束，就等於辦完了虞祭之禮。

如果死者是男性，那麼，這個尸就算孫子；如果死者是女性，那麼，就不能視孫女爲尸，而必須以這個家庭的媳婦來擔任了。

但要成尸的時候，衣服要披上死者的衣服，以表示懷念死者的面貌和形影。

卒哭之禮

所謂卒哭，就是哭完的意思。這是三虞之後所進行的祭祀。那麼，所謂哭完又指什麼意思呢？到現在爲止，不論死後一個月，或三個月後才舉行葬式，反正待下葬一結束，直到虞祭完畢以前，不論早晚或白天，只要心裡哀傷，不論何時何地，都會忍不住哀聲哭泣，而這方面也沒有受到限制，似乎可以延到三虞祭祀完畢，但從那以後就得遵守哭泣的規則了。反之，只允許早晚各哭一次，其他時間就不能任意哭號了。

不過，這項卒哭之禮也得要立尸舉行，因爲這項祭祀等於把神靈送到祖廟，表示一種送別之宴。卒哭以後，那個亡靈終於成了神，接受祭祀也算是一項吉禮。

那麼，這位亡靈被當作神送去祖廟，關於卒哭的祭祀日期據說得在三虞之後，那麼，這個意謂當天以後呢？還是不同日期以後，即使次日以後也可以嗎？

這項問題似乎不太確定，但通常選在虞祭的最後一天，也就是在同一天舉行，其實也未必這樣固定，因爲也有人在一定期間舉行的。

祔祭

這是卒哭祭祀的次日，終於將亡靈放在祖先的廟裡一塊兒祭祀。這叫做祔祭，所謂祔者，就是在列祖列宗的廟裡合併祭祀，或稱合祭亦無不可。即使在祖廟舉行祔祭，也照樣要立尸進行，旨在告慰亡靈現在已將他（她）送來祖廟，並上供各種佳餚。

在這項祔祭之前屬於凶禮，只有辦完這件事，以後的行事都屬於吉禮，意義完全不一樣。

反正到此爲止，總算辦完所有葬式以後的行事了，暫時告了一個段落。

㈡、佛教的喪祭

關於七七齋

在佛教裡，死後的行事也如同上述，葬式結束，就要撿骨回家。之後有七七齋等佛事要舉行，從死亡那天算起，直到七七四十九天爲止要進行這種佛事。它包括七

七、七七齋、累七齋、齋七、四十九日齋，也叫做中陰。

自從佛教傳到中國以來，這項佛事就在進行了。但佛教的做法跟儒教完全不同，那是因爲雙方的陰間觀念不一樣，當然，也使雙方對於死後的祭祀有根本的差異。

例如上述儒教的祭祀，只從亡靈起到祖靈，換句話說，只說到亡靈被當作守護神來祭祀而已，完全沒有說到死後的苦境。反之，佛教卻提及死後世界，從天上界到地獄苦界，甚至提到極樂淨土的存在，但沒有固定，可以說因人而異。

佛教主張的人生觀包括過去、現在和未來等三世連貫，把因果報應的世界分成三世來說，意指人在地獄、餓鬼、畜生、修羅、人間和天上等六道輾轉輪迴，而佛教徒有生之年便相信這些教法。

所以，人死以後必定會投生在六道中的一道裡，無如，這六道都屬於迷惑世界，而不是覺悟世界。除了迷惑世界以外，就是覺悟世界或諸佛的淨土。我們人類若肯努力精進，修行佛道的話，就能出離六道的迷界，而往生到覺悟的諸佛淨土去。

若希望生在諸佛的世界或淨土的話，就非經過各種艱辛的修行不可。那就是三學六度的行爲，或八正道的路。爲了要往生淨土，勢必歷經各種修行。如果身爲在家人，就一定要修得各種善根與功德。

死後的世界是一個恐怖的世界，對大家來說，談死色變，關於死後的事無疑是讓人們非常難過的問題。

七七齋是人死以後，由活著的孝子為父母舉辦的佛事，死者的遺族為死者祈求冥福，相當於追善的佛事。

但是，有人怕自己死後，家屬不會給自己舉辦七七佛事，那麼，將會讓自己死後不得安寧，就乾脆在生前由自己辦好這些事，那麼，這就叫做七七佛事了。其實，在中國叫做預修七齋，早在唐宋時代開始就很盛行了，這方面將留在下面詳述。

靈魂的去向

人死後會怎麼樣呢？有沒有靈魂呢？諸如此類的問題，自古至今，不論何時何地，都是天下人的共同話題。

理論上，儒教的論點是沒有靈魂，而佛教的立場認為靈魂永不消滅，姑且撇開這些不談，即使儒教採取靈魂會消滅的立場，尤其死後的喪葬儀禮很慎重，就是認為死後的靈魂會變成神明才刻意要祭祀。

雖然，佛教說靈魂不滅，也認可靈魂會在六道輪迴，但佛教又主張空的思想，提倡無我的教理，這卻不是常住不變的靈魂，反而否定它的存在。就從這一點來說，佛教應該主張沒有靈魂才對。

那麼，人死以後在六道輪迴的主體又是什麼呢?那可不是一般人所說的靈魂，或魂魄之類的東西。在佛教裡，輪迴的主體叫做業識，通常叫它爲「業」。

這種業在六道裡輪迴不停，一般人把它當作靈魂，反而把佛教建立在這種民間信仰方面，這就是中國佛教，其實也是一般日本佛教的想法。

因爲靈魂即是業，所以，每個人死後的去處或下落，會依據自己生前所做的善惡行爲來決定，結果大家都不一樣。

由此看來，那些東西可以決定靈魂的去處。例如極善的人能直接到淨土，而極惡之徒也會直接下地獄，那麼，一群中間的人要投生到哪裡呢?

依據『瑜伽論』所述，極善的人能往生淨土，極惡之輩投生到地獄，那麼，僅次於極善的人可以出生「人天」。除此以外，他(她)們就要到「中有」去投生了。

這一來，可知人死後的去處大體有了決定，那就是極善人與極壞人，都得去淨土與地獄，而僅次於極善的人，就是中善之輩，他(她)們可以出生到天上界或到人間來。除此以外，只有出生到「中有」等待下輩子的生機了。那麼，「中有」是怎樣的一個地方呢？

中有的世界

中有也叫做中陰，通常如一般人信仰死後的靈魂會在中有迷惑一陣子，而中有這個世界就是指人死後應該前往何處呢？尚未決定時就暫且投生到那裡去落腳，以便決定下個去處。換句話說，那裡是個暫時棲身之處，就叫做中有的世界。

所謂暫且性的期間，而這段期間有七天，到了第七天便能決定去哪裡投生？之後不由自主地去投生了。倘若七天不能決定時，會死而再生，便要等到另一個七天了。

由此可見，每次都不能決定投生去處時，到了七七的四十九天便是最後期限。所以，在第四十九天就必須決定去處了。這就叫做頭七日、二七日，乃至七七四十九日，每隔七天算一次，到了最後第七天的意思。

在這段七七日期間，雖然去處不能決定，亡靈自己也無可奈何，那麼，死者的遺族就要給亡靈追善供養，同時一定能迴向功德。

這就是七七齋的佛事，也是死者家屬的一項追善行事。為了安慰雙親必須如此，無疑是孝子的義務和責任。

所以，每隔七天都要愼重地舉辦這場佛事，讓這份功德迴向給中有的亡靈。靠這份迴向功德，才能決定何去何從，投生到哪兒？由此看來，遺族舉辦七七齋事，實在含有極不尋常的意義，也是身爲子女的重任，不能等閒才對。

東晉時代有一位鳩摩羅什翻譯一本『梵網經』，雖然，有人懷疑這部經是他在中國寫出來的作品，不管怎樣，反正這部經典上說，在七七四十九日的七七齋那天，如肯誦讀或解說大乘經律的話，會得到許多福報。在『灌頂經』卷十二也提及七七的佛事。由此可知，中國很可能早在五、六世紀時便已經很盛行這種習慣了。

宋代有一本『佛祖統記』三十三裡說明了七七齋，而今有人爲死者每隔七天舉辦一次佛事，旨在給亡靈追福，而這就叫做齋七了。爲了不讓中有的種子輾轉出生到惡趣才得舉辦齋七，這完全跟日本今天所謂中陰四十九日的佛事一模一樣。

關於預修齋問題——

『佛祖統記』在七七齋這一項裡，也提到預修齋的項目，同時記述預修七齋和逆修生七的事。這些是什麼呢？且容我慢慢道來。

本來，我在前面已經稍微說過了，有人生前便從自己的葬式開始辦起，直到七七四十九的七七齋都靠自己先做，所以才叫做預修，但也稱爲逆修。

『佛祖統記』對於這種做法有一番詮釋。善男善女在自己壽命尙未終止時，便請僧人來誦經，每隔七天誦一次，可得無量的福報，又說父母親人死後受苦，若肯爲他們舉辦這種佛事，那麼，這項功德的七分之一能夠迴向給死者，而剩下七分之六的功德會迴向給修這項佛事的人。

這部經典譯自東晉時代，從『灌頂經』卷十一引用出來。這部經專門用來給亡靈誦讀的，連七七齋的功德也依照這些規矩，誦讀的功德只有七分之一，而絕大部份是爲了活人自己。

這部『灌頂經』在日本也有人談論對死者誦讀有功德，他們也引證其中的文句說明，縱使只有七分之一功德，但讀經必能迴向給死者，反正對於死者的受用是毋庸置疑的。

預修七齋無疑事先有功德，而這項佛事可以生前修持，但有些兒女或遺族會覺得不安，因爲他們懷疑這樣修行果眞能得到這些受用嗎？這種預修七齋或逆修生七的佛事在中國一直流行到現在，在日本亦不例外，直到近世好像還有人倣效這件佛事。

十王供——

可以跟七七齋相提並論的祭祀，還有十王供或十王齋。七七齋以後，尚有百日忌、一周忌和三回忌，而這十回佛事就叫做十王供或十王齋了。中國自從唐宋時代開始就已經盛行這一類佛事了。

十王供或十五齋認爲七七齋是一定要舉行的，也是根本的，再加上百日、一年和三年等忌日法會，不過，這項佛事完全異想天開，意思很不尋常。它的依據來自『十王經』，也就是信仰十王的習慣所致使。

七七齋跟『十王經』等扯不上關係，旨在追善和供養那位身在中有的亡靈，希望死者得以投生到更好去處，竭盡遺族和好友的一番孝心。

那麼，顧名思義，所謂十王供或十王齋，就是供養十位大王的一項齋會。按照『十王經』上說，這十位大王就是陰間的法官，人死後必然會經由這十位法官的地方接受審判，所以要舉辦齋會來供養十位陰間王爺。

頭七日到秦廣王處去受審，而三年忌是接受五道輪迴的審判，這樣描述完全來自十王的信仰心態，和陰間狀況，詳述人死後的另一個世界。那麼，爲了免於這些恐懼，又該怎麼辦呢？『十王經』也有一番敎誨。

由此看來，這兩類佛事的動機同樣想要追善死者，但構想完全不同，這一點必須要注意。

在七七齋方面，有所謂預修齋和逆修七齋可以修持，但在十王供方面也把重點放在逆修十王供，或預修十王齋，而這一點似乎跟逆修生七非常一致了。

預修十王生七經與十王齋

這部經典是在中國寫的，原名叫做『佛說閻羅王授記四衆逆修生七往生淨土經』。誠如經名所說，內容是預修，或逆修，不是爲死人追善的佛事，而是純粹爲了活人，不想在死後接受十位陰間大王審判，所以，生前先爲十王修持功德，才能往生淨土，而這就是預修十王齋這場佛事的目的。

題名上說有生七齋功德，其根本在七七齋的功德，內容則爲十王的審判，所以才會出現『十王生七經』的名稱，至少七七四十九日的七七齋等於它的根據。

再說除了這部『十王經』以外，還有『地藏十王經』，屬於同一系統，原名叫做『地藏菩薩發心因緣十王經』一卷，但中國人不用這部經，所以，中國人所謂『十王經』者，其實是『十王生七經』。『地藏十王經』在日本寫的，才被人叫做僞經。

這部『十王經』告訴出家、在家的四衆說，只要祭祀陰間十位王爺，預修七七齋，那麼，就能仰賴這種逆修的齋會功德，死後得以往生到淨土。

若再詳讀『十王生七經』的話，會發現其內容描寫陰間的恐怖與地獄狀況，那個世界中央就是十位大王中的一位，在審判每一位亡靈，鐵面無私。

亡靈在頭七日由秦廣王，二七日由初江王，三七日由宋帝王，四七日由五官王，五七日由閻羅王，六七日由變成王，七七日由大（泰）山王，百日由平等王，一周年由都市王，三回忌由五道轉輪王，而每次都嚴厲審判亡靈有沒有罪過？生前到底幹了多少善惡？

頭七日在秦廣王面前受審，如果罪過可以消除，就能出離陰間，往生到快樂所在，而不必去接受下一位初江王的審判了。

這個原因是看死者家人有沒有爲死者辦理齋會來迴向這份功德？倘若頭七日的佛事辦得很誠懇、很愼重，那就能讓亡靈得救了。

那麼，那些七七佛事怎樣迴向到陰間的亡靈呢？原來，在每次舉行齋會時，陰間之王會派使者到死人家去查齋會進行得怎樣？之後把調查報告送往天界，接著回到陰間報告諸王。

如果預修了七齋，那麼，那些齋會就會在天上和陰間的辦事處留下記錄，這一來，當事人一旦死了，就不必停留在中有徬徨，也跟陰間十王審判沒有關係，即使死人家屬或遺族沒有進行供養追善，亡靈照樣能夠往生到淨土。

據說其間只要有一次齋會辦得很草率，或少辦一次齋，那麼，就會在某位王下受苦，而不得投生。

『地藏十王經』——

這部經雖然也屬於十王經，但不是上述那部十王經，而是另外一部『地藏菩薩發心因緣十王經』，反正兩者都出自成都大聖慈恩寺的藏川述，世人認爲這是日本人寫的僞經。

不管怎樣，反正以『地藏菩薩本願經』爲基本而寫的僞經，在中國不能疏通，反而在日本通行無阻了。不過，兩者的內容幾乎一樣。現在，不妨讓我們來檢驗一下它的內容。

它以『圖繪佛說十王經』之名，在文祿三年出刊。放在『續藏經』第一五〇冊（中國佛教會影印卍續藏經會印行，台北市），而跟『預修十王生七經』同處刊載。

續藏本上敘述十王的眞相，在每一位王下有如此記載。例如，第一位秦廣王是不動明王，第二位初江王是釋迦如來，第三位宋帝王是文殊菩薩，第四位五官王是普賢菩薩，第五位閻羅王是地藏菩薩，第六位變成王是彌勒菩薩，第七位大（泰）山王是藥師如來，第八位平等王是觀世音菩薩，第九位都市王是阿閦如來，第十位五道轉輪王是阿彌陀佛。

爲什麼這十位佛的眞相要這樣分類呢？其間有什麼因緣嗎？即使有某種緣由，無奈到目前爲止，我還不懂那些問題，所以一切都無可奉告。

亡靈最先去秦廣王的地方受審，但若仔細研究，其間有十王，不知每位王又是怎樣呢？這也是個大問題，關於這方面的說明不妨參考宋朝出版的『佛祖統記』第三十三的十王供這一項目。

論十王——

世間傳說，唐朝有一位道明和上（尙），某日他的靈魂遊歷地府，目睹十王分別審訊亡靈，便將此情此景告訴世人。結果有很多人便設計這十位王爺的供祭。至於十王的名稱在經典或傳記上就有六位，至於閻羅王、五官王兩位可見三長齋所引用的平等王是『華嚴感應傳』裡描寫一位使者叫做郭神亮，追趕到平等王的地方，因爲誦了『若人欲了知』四句偈後才被釋放回來。

泰山是『譯經圖紀』上說，一位沙門叫做法炬翻譯『金貢泰山贖罪經』時，『孝經援神契』上有一位泰山天帝孫主在召人魂。

初江王是『夷堅志』上記述池州有一個郭生，在夢中到了地府，有一位王者坐揖說道，我這裡是西門的王郎、冥司，忠孝正直，記錄公平，才能當初江王。

秦廣王依據『夷堅志』上說，南劍有一名陳生已經死了，他弟弟的女兒被二個鬼卒引到宮殿來，那個王是秦廣王，他向女孩說，你若打算拯救伯父，就應該誦讀『八師經』。女孩夢醒了。家人找到這部經後，立刻請僧人誦讀一千遍，哥哥便在夢中向弟弟道謝說，我已經能夠投生到天界了。

這是『佛祖統記』調查十王的名號而得知他們的來龍去脈。到目前爲止，這六位王算是文獻上記載的人物，其餘四王再三查證都沒有蹤跡。

依據這些記載：始知唐朝那位道明和上（尙）最先想出十王供這件佛事。

道明和上（尚）——

唐朝有一位道明和尚到過一趟陰間，仔細見聞了十王審判的事，便回來向世人傳述，而這段內容就是十王供的經典，或齋會。那麼，這位道明和尚到底是何許人物呢？而今我檢驗過許多僧人傳記，居然發現有五位和尚都叫做道明，他們包括隋代相州的道明，唐代睦州一位道明禪師，而他算是同名不同人物，還有一位是襄州開元寺的道明和尚。

他的傳記只有敦煌剛剛出土的那本『十王生七經』，引用『還魂記』中提到一位道明和尚的簡歷。

根據其中的敘述，唐朝大曆十三年二月八日，有兩名從陰間來的黃衣使者抓著他去陰間，經過閻羅王的再三查詢，發覺他是龍興寺的道明，使者始知自己根本抓錯人了，便放他走開，這時候，他也醒過來了。

這位道明和尚復活之後，便將自己在陰間看到十王審訊的狀況一五一十說出來，同時還畫圖流傳下來。而這就是『十王生七經』或「十王圖』。在陰間審判時，地藏菩薩必定擤著帽子，通常都有獅子蹲著，這部經典出自敦煌，計有二十多本，而且有不少圖繪，不妨也叫做十王圖。

這副十王圖的中央戴著帽子，同時手持錫杖，地藏菩薩在座，兩側有金毛獅子，而這些都是道明和尚繪畫出來的。左右兩側各有五位王，合計有十王，率領善惡童子，坐在桌子前面。

一般繪圖都放有供養者的像和他的發願文，通常要給死人追善時，就畫這幅圖像來當作供養，藉此舉行追善的佛事。

由此可見道明在十王圖裡，目睹地藏菩薩在扮演主角，但南宋有一位宗鑑在『釋門正統』卷四提到『十王經』時說，那是道明和尚從陰間回來後的詳細見聞，五代以後所畫的許多十王圖大同小異，今天學界都認爲這部經典出現在中唐到晚唐期間。

那麼，我們不妨來觀察一下十王審判的情狀。關於這部『十王經』的研究，首推酒井忠夫所寫「有關十王信仰諸問題及閻羅王受記經」，近來又有小川貫弌所寫「十王生七經讚圖卷之構造」（收編在『佛教文化史研究』中），以及圭室諦成那本『葬式佛教』，所以，我們就根據這些資料來談一談。

以上那些敦煌本如『十王生七經』或『十王圖』，到了日本都變成『十王經』了，因爲日本的日蓮很技巧地依據這些描寫一本『十王讚歎鈔』，還有一位存覺寫一本『淨土見聞集』就比較簡略了，那麼，我現在就依據日蓮上人這本『十王讚歎鈔』

來探究陰間十王的審判情狀，好讓死人遺族明白十王齋會有非同小可的意義。

頭七日的秦廣王，原是不動明王——

「上路去稟告這位大王，有各種苦難要承受……死後一個人上路，在廣大渺茫的原野上徬徨。這段旅途叫做中有，即使要往前走，既無資糧可求，若想中途停住不走，又無地方可以皈依……

周邊一片黑暗，彷彿星辰高掛的黑夜……

既無一人來做伴，又無一人在路上行走，此時此地，千頭萬緒，無限悲傷……

像這樣一個指引的人也沒有，行行復行行，途中終於看見獄卒來迎接……頭七日這一天，尚未見到大王以前也看到人群，他們的罪業有深有淺……

這時看到了羅刹的形狀，以前只聞其名，而今始見其面，真有說不出的恐怖。之後，前呼後擁，不說出去處，只會責罵，小心行走，走到一座山前，只見山高險峻……岩峭如劍，即使要走也寸步難行。這時，獄卒便用鐵棒打擊，哀叫不停……

這座山遠達八百里，好像走向嶮壁一般……

一路上說不盡的苦楚，哭哭泣泣，越過山路，才來到秦廣王面前。

環視周遭，站著無數的罪人，受到各種責罵、勸告，也有人坐在大王前面。這時候，大王向罪人宣讀罪狀，並告戒他（她）們，從無始以來，你們每次都來到這裡，次數好像恆河細沙那樣多，而你們竟然愚昧無知，每次地獄的業報完畢，返回娑婆世界前，獄卒會用鐵棒打三杖，如果打完後能返回人間，應該趕快修行佛道，早日成佛，可別再到這個惡趣來了，秦廣王言詞懇切地再三教誡，倘若沒有效果，任意再造罪業，很快又回來就不再寬恕了。何況，娑婆世界，有佛法流通，爲什麼不肯修持佛道，虛渡光陰又來到陰間呢？

罪人聽了銘感五內，除了哭泣，什麼話也沒說。我這時內心懊悔，牢記起來告訴世人才是最重要的事，有人經過許多時日又犯了罪業，回到三途故鄉，一再受苦，還能怪誰呢？眞是可悲透頂，應該加強信心，開悟證道，即身成佛才對。

且說在秦廣王面前，善惡輕重還沒有判定時，就要被送到二七日的大王那邊。」

二七日的初江王，原是釋迦如來——

「前往這位大王的路上有一條大河，叫做三途河。這條河寬有四十由旬。其實又叫做奈河，這條河有三個渡口，所以叫做三途河。

上游的渡口處叫做淺水瀨，因爲河水淺，不會超過膝蓋，輕罪者從此渡河，中游渡口處叫做橋渡，而這裡是一條金銀七寶造的橋，只有善人才能渡，下游的渡口叫做強深瀨，而這裡只供惡人渡河。

這個渡口處的水流急速，彷彿射箭，浪高像巨山一般高，且在波浪裡有大群毒蛇想要呑食罪人，從上游又有巨大磐石飄流下來，把罪人的五體擊成粉碎了，死了又復活，活了又被打死。一旦沈在水底，就被大蛇開口呑下。如果漂浮上來，又遭鬼王夜叉用箭射中，諸如這些大苦大難要經歷七天七夜，才能抵達對岸……。

又見引路牛頭的雙肩上扛著棒棍，催行鬼手持利刃。引路牛頭在後面追逐，並用棍棒猛打，催行鬼就站在岸上等待牽引……

又望見岸上有一棵巨樹，原來那叫衣領樹，不但樹上有一個鬼叫做懸衣翁，而樹下又有一個鬼叫做懸衣嫗。樹下這個鬼會剝掉罪人的衣裳，如遞給樹上那個鬼，那麼，他接到手後就掛在樹枝上……。

……既使生前當過一天的君王，身爲萬乘之主，百官前呼後擁，享受應有盡有，一旦走在黃泉路上，也會孤單悲泣……

……跪在初江王的法庭前時，只聽大王不斷查問罪人說，你在世間到底修過哪些善根，做過哪些功德呢？趕快說出來呀！

這時如果罪人實在沒幹過善根，也只能閉口不說……。

只聽大王說，既然這樣，那就搬出雙幢的大卷宗。所謂卷宗，不過是大王左右兩側的幢，名叫壇荼幢，上面有人頭，左邊叫做太山府君幢，右邊取名爲黑闇天女幢。左邊站著一位神，負責記錄罪人生前一切小罪，點滴不漏。右邊也站著一位神，記錄罪人生前一切小善，所以才叫雙幢。

大王聽完兩神的稟告，罪人坦承一切後，身體開始被切裂了。這時候，大王吩咐獄卒，快把這名罪人拖去地獄，罪人聽了十分悲傷，如泣如訴地向大王稟告，縱使我生前沒有功德，但有娑婆世界的妻子眷屬會追善給我，但願我能等待這份功德，請大王慈悲，稍待些時日吧！這位大王果然很慈悲，只要是釋迦如來的眞相，便會慈悲地待我像子女一般，幫幫我才對。

當這個罪人正在著急等待妻子家屬的追善時，誰知兒子不但不替死者行善，反而偷人財寶，造了各種罪業，這一來，罪人受苦更甚了。可憐在娑婆世界時，爲了妻兒造了罪業，而今目睹他們這樣，連可以減輕苦痛的絲毫善根也不送來，忍不住非常瞋恨，平時積下的財產一點也不肯花，不禁哀慟萬狀，嗚咽悲泣。

若肯替死人行善，唱誦逆謗救助的妙法，就會成佛。若能這樣做，大王也會歡喜，罪人更喜不自勝……罪業也沒有消掉，尚未裁定罪報時，又被送往另一位大王那裡去。」

其間提到三途河岸上有兩個老鬼，一個叫做懸衣翁，另一個叫做懸衣嫗，這件事似也出現在『十王經』與『十王圖』兩冊裡。那個懸衣嫗肯定就是奪衣婆了，反正男女兩個老鬼都叫做懸衣，但什麼話也沒說，難道其中有錯嗎？

此外，這裡有一件大問題值得一談。原來日本天子在陰間迷惑。日本佛教被看作護國佛教，依照親鸞上人、道元禪師的觀點，佛教當然會保護國家，但有一位日蓮上人寫了一本『立正安國論』，竟然在此書裡提到十善的天子迷惑於中有，就未免令人驚異了。

在中國佛教裡，有一位慧遠寫過『沙門不敬王者論』，還不致於說沙門與君主要經常站在對等立場，但在日本一開始就肯定佛教護國，所以，僧尼常常屬於「臣」子地位，任誰也不會置疑的。就像中國的情形一樣，不論天子或百姓在佛前都是平等無二，對佛都要一樣尊敬，凡敢廢除佛教的天子一律會下地獄。但在日本做十善的天子，卻根本不會想到下地獄的事，惟有日蓮對於天子迷惑於中有的事持肯定態度，無疑領悟了佛教的本質。

三七日的宗帝王，原是文殊師利菩薩——

「前往這位大王內院的路上有一個關卡叫做業關。有一個鬼在守關，形狀古怪又恐怖，只見牠頭上有十六個角，臉上有十二隻眼睛，眼睛一動便發出如電的光芒，口中吐出火焰，讓罪人一見到，便忍不住失魂落魄……。

只是這個鬼張開眼睛大怒吼道：凡被送到這一關的罪人，都是生前殺人性命、偷人東西、作奸犯科之輩，這種罪業都要砍掉手腳，之後手腳丟到關外。說著就逐一砍掉罪人的手腳，將它放在鐵板上面，這時候，罪人又喪膽失魂了。

終於來到宗帝王前面了，只好唯唯是諾，哭訴自己無罪的理由，不料，大王斥喝他(她)，你是奸詐之徒，如果沒有罪業，就不會走上這條路了……。

你一輩子所造罪業，多得不可勝數……。

你在娑婆世界所造諸罪業，例如，殺盜淫妄等四重八重的惡罪，還有不讓人知，埋在內心深處的惡念，大小都不要隱瞞，都要一五一十說給我聽，罪人應諾，話還沒來得及說，就淚水直流……。

話雖如此，但在娑婆的兒女若肯盡孝道，送來善根的話，那麼，大王慈悲會暫時等候……你的罪業都不隱瞞，即使罪應下地獄，也會稍待時日……。

這一來，若有孝子善根，縱使成了亡靈罪犯，也會免去地獄之苦……因爲尚未定罪，只好送到下一個大王那裡。」

這是三七那天在宗帝王面前受審的狀況，但有異於『十王經』者，就是『十王經』提到惡貓成群和大蛇圍繞前來，受盡牠們的折磨，但卻沒有描述罪人的手腳被砍斷的事。

四七日的五官王，原是普賢菩薩——

「前往這位五官王的路上，有一條大江叫做業江，闊長五百里，水波沈靜，但熱得像滾開水一般，臭氣散播四十里。如果罪人不願渡江的話，獄卒就用棍棒推他下去。倘若無力渡江，身體在江面亂漂，苦不堪言，又有像鐵啄的毒蟲群集前來，附在罪人身上吸吮，持續七天七夜，吃盡苦頭，才到達五官王前面來。

罪人向大王叩拜申述，因爲一路上受盡苦楚，身心俱疲，致使自己忘了生前在娑婆世界所造諸惡業。

不料，大王怒斥說，你竟然不知以前的小因大果，雖然心裡以爲小罪，待你嚐到苦果時一定覺得它蠻大，你居然疑恨陰間的官而不肯實說。其實，你一輩子所造惡業一件也不會遺失，都埋在你的身上，我們有一個秤子會知道，那叫做業秤，我會馬上秤秤看。這時，有一群鬼卒果然抬來一個秤子替他秤了。

秤石原是一個大磐石，大小五十丈，而罪人的身體不過五尺，一旦秤重起來，石輕彷彿兔毫，而業道像秤石，重者先垂下，秤也必然傾向較重的東西下落了。這時，牛頭馬面……就依據罪業輕重施以懲罰，只見牠們用鐵棒猛打罪人的五體多達千次百次。不消說，身體和手腳都被敲得破碎如微塵，這一來自然死了，誰知業報未盡，又死而復生，生還後又挨打了……。

大王宣判說，你好好聽著，只要你的妻子肯在娑婆世間誠懇追悼，那麼，你以前在諸王前面，就能轉往善處投生，……只要跟佛法結緣，不但不會下地獄，也不會來到這裡了。我把這個罪人交給下一位大王，就這樣宣判結束，送到下一位大王那裡去吧。」

這段話意謂五官王把罪人放在秤子上衡量，但有一個五十丈重的大岩石當秤砣（砝碼），當罪人一上秤時，他（她）的罪業重量遠遠超過這個大岩石，相比之下彷佛兔毛那麼輕微，足見罪業之重大了。

到了這個時候，亡靈的妻子還沒有為死者舉行七七齋等佛事，沒有功德迴向到中有的苦難亡靈身上，致使這個亡靈必須要歷經十位大王審訊才行。

五七的閻羅王，原是地藏菩薩——

通常，大家耳熟能詳的閻羅王就是地獄之王，一般人對閻羅王的了解程度超過中有的十王審判。在地獄裡，閻王爺是絕對少不了的。那麼，我就把『十王讚歎鈔』所描述的閻羅王形象抄錄於下：

「閻羅一詞是天竺的話，中國譯作息諍王，到了這位大王面前，就會息掉紛諍。這座王宮在地底下，距離人類活動的地面底下五百由旬，寬廣大小也一樣。這位大王居住所在，縱橫有六十由旬，那座城有七層。在大城四周有鐵籬笆圍著，四方每個鐵門都打開，門的左右又有壇荼幢，幢上有個人頭，能夠清清楚楚看到人類的行為，把亡靈的善惡行為統統登記下來向大王啓奏……。

其次又有別院，取名為光明院。在這座院內有九面鏡子，四面八方各掛一面，而中台那面鏡子叫做淨頗梨鏡。

通常，這位大王的臉上會顯現猛惡忿怒相，罪人乍望下會喪膽，因此，大王睜大眼睛，炯炯有光，彷彿日月，罪人在這樣瞋怒的威勢下不敢仰視，又能使罪人羞愧，大王瞋怒的聲音很響亮，彷彿千百個雷同時發出響聲。」

以上是日蓮上人描寫的閻羅王住家和人物評語，而這是其他十王所沒有，只有閻羅王講述最詳細，原因是，『十王經』這部原典也是如此，也許閻羅王在十王裡是一位代表性的陰間之王吧!?

此外，他的王宮不同於其他王宮者，就是有一間別院叫做光明院。其間掛著一面馳名的淨頗梨鏡，但依『十王經』上說，這種別院有兩間，一間叫光明王院，另一間叫善名稱院，而鏡子掛在光明王院裡。

且看『十王讚歎鈔』那位大王怎樣審訊罪人：

「大王向罪人喝道，自古至今不知有幾千萬罪人來到這裡，如果他們肯在娑婆世界修行佛道，就不會再到這裡來。我每次告誡他們都沒有效果，結果又來了，非常不對，你們好不容易得到人身，又幸運生在佛法暢通的國家，卻無人肯去修行佛道，恣情肆意，以致又來到惡趣，眞是進入寶山，空手回來。你們這些在娑婆世界時，生活放蕩，既不慚愧，又無慈悲，貪婪無度，愛惜財寶……用道理責備你們，只會閉口哭泣、淚流滿面。

大王再度宣布，你一輩子所造的罪業，一點兒也沒錯，都由俱生神記載下來，你要好好聽著。

……你在娑婆世間作惡多端，毫無懺悔，即使現在來此後悔哭泣，也無補於事，判定應該下地獄。

罪人十分悲慟，哭哭啼啼地稟告說：

『剛才聽到那些罪業裡，似乎稍有出入，我大部份忘記了，也許俱生神的鐵筆有錯，請大王慈悲寬恕我。』

不料，大王聽了勃然變色，十分憤怒地說：

『你仔細聽著，你在娑婆世界毫無知見，只知享受眼前的五欲，而今不知悔改，內心仍然存在妄語惡口，惡性難改，在正直判罪、鐵面無私的法庭上，還懷有疑心，對那已經顯現的罪業還要申辯，只會加倍痛苦，我並沒有壞心呵責你，也沒有多加你的罪，完全是你的自作自受，和自食惡果。』

只聽閻羅王把獄卒叫來吩咐說：

『你這個罪人連俱生神的公正無私也在懷疑，胡說八道，須知俱生神跟你同時活著，如影隨形跟著你，不離片刻，你的所作所爲都逃不過他的眼睛，好吧！讓你照一照淨頗梨鏡，你就沒有什麽話好說了。』

一群鬼卒捉住罪人的雙手，打開光明院的宮殿，將罪人放在九面鏡子裡，逐一對照鏡面，讓每期所造諸罪業統統凸顯出來，甚至連別人不知，暗藏於內心的每次惡念妄想也全部浮現出來。

這時候，記錄善惡的俱生神率領一群獄卒，在每一面鏡子前，異口同聲指著說：『看呀！罪人！難道這是俱生神的筆誤嗎？冥宮三寶將你早晚的行爲淸楚地給展現出來，你想閉著眼睛不看嗎？統統都凸顯在你的眼前，快將他送進地獄去吧！』只見一群獄卒的心頭火起，雙眼睜得很大，口吐火焰，取出鐵棍，只要靠近罪人後面，罪人就哀傷地掉下血紅般的淚水，抱怨不已。

獄卒又抓住罪人的頭髮，硬將頭拉上來，對照著鏡子說『看呀！好好看呀！』一邊責駡，一邊用棍棒猛打，始聽到罪人大聲叫起來，氣息微弱，彷彿游絲，死去活來，受盡苦楚。

之後，罪人想了一會兒，的確不是俱生神的筆誤，倘若早知如此，就不會造出這些罪來。難得人身，如夢如幻，竟受如此苦難，後悔莫及，流盡淚水亦無補於事，只願娑婆世間的妻子眷屬，能誠摯求祈佛菩薩發菩提心加被，除此以外，沒有別的辦法了。

許多人對父母的恩情不僅不思報答，反而朝夕與一群惡友為非作歹，他們不知修行，造功德，反而沈迷於功利，因為他們沒有知見，才會遭遇地獄之苦……給人布施、給人歡喜，其實也是為自己著想，最後自己也會獲益。所以，世人理應發菩提心，引導世人為善。

誰都明白父母生育兒女，恩重如山，一旦父母去世，不妨以菩提心的實踐來迴向父母，無疑是一件大孝，而這種大願大孝的功德對亡靈也是最大的布施。

多積功德對己對人都有益處，總之，亡靈在苦海浮沈，起因於娑婆世間的親友有沒有幫他（她）追善，只要懂得這番道理，不僅能催促自己的信心，也能夠迴向給六親。

每個人自小到大，都蒙父母的扶育，可惜父母去世後，有些人就忘了父母的恩情，若連追悼都沒有，無異失去人倫觀念。所以，為人兒女應該追悼已死的父母亡靈。

其間也在閻羅王前飽受苦楚，所以替死人追善三十五天極為重要，這樣具促善根的話，全都反映在鏡面上時，以大王爲首的一群陰間官吏也得到隨喜，而罪人得到追悼，更是喜不自禁。

由此可見，作善多少和功德深淺都有所分別，之後或許成佛，或投胎人間，或送往天上，或送到下一位大王那裡，各有不同去處。」

以上沒有省略與刪除，幾乎全文引用，總算明白了那位十王的代表者，也是地獄審判之王的審判狀況。『十王經』或『十王生七經』等原典似乎跟上述旨趣不同。依我看，這恐怕是作者日蓮上人又參考了『地藏本願經』、『地藏十輪經』及其他地藏經所致使。

這部『十王讚歎鈔』強調亡靈的死活完全操在遺族或家屬的手中，倘若遺族肯愼重地給死者行善供養，那麼，就可依據追善多少，得以成佛、上天或投胎到人間，如果遺族不肯舉辦佛事追善，當然會被陰間諸王判決下地獄。

雖然在強調追善等佛事，事實不僅妻子而已，連死者的朋友也要舉行佛事來追善，但要眞心的朋友才行。

還有閻羅王不勝其詳地說出罪人生前所造的各項罪業，同時指責他（她）既然生在佛法流暢的國家，一點兒佛道也不曾修行，一而再，再而三來到這個迷界，乍聽下，這段話似乎向今天的人們說教，但也不難發覺這才是『十王讚歎鈔』這位作者的企圖。

『十王經』這本原典並無這段說明，誠如上述，也許來自地藏經典也說不定。這是理所當然的事，因爲閻羅王的原貌或本相是地藏菩薩，這本『十王讚歎鈔』是『十王經』的參考書。在『地藏十王生七經』這本原典的第五殿出現閻羅王；敦煌出土的圖畫裡，就畫有地藏菩薩跟閻羅王並肩而坐的內容。

地藏菩薩是地獄的救世主，信仰十王也以地藏爲主角，原因是，如果沒有地藏菩薩，那麼，地獄所有罪人就不能得救了，地藏菩薩不僅僅拯救那些賽河原上夭折的幼童而已。

閱讀『十王經』時，會發現有兩間別院（分院）存在，一間叫光明王院，裡面掛著淨頗梨鏡會反映罪人；另一間分院叫做善名稱院，而這裡才是地藏菩薩的御殿。

日蓮上人並沒有參考這部份，反而依據『十王經』描寫這座善名稱院，我仔細讀完後，發現它有淨土的莊嚴，亦是金銀瑠璃的七寶世界，恰似兜率天中的殊勝殿。但設有五寶座，它的中央座位是地藏菩薩，菩薩每天大清早起，遍遊十方諸國的一切有情衆生，救度淨信者與不信者就是他每天的功課，而日蓮上人暢談這段旨趣。

接著提到地藏菩薩基於這項修行與本願，終於淨化了地獄，救度了所有罪人，而蒙得釋迦如來的授記了。

這就是『地藏十王經』所說的來龍去脈，但『十王經』的旨趣全在第五殿的閻魔王或閻羅王。所以，少了這位原身的地藏菩薩時，就無法成立十王殿，因爲他是主角之一。

那麼，『十王讚歎鈔』爲什麼抬出原典，而不提地藏菩薩這位主角呢？因爲一抬出地藏菩薩時，就必須要描寫地獄那塊地藏淨土了，那麼，這塊地藏淨土是不是人類應該前往的淨土呢？還是單純的地藏菩薩的住家呢？

其實，地藏淨土不在地獄裡面，而是存在於別處。所以，把它拿到閻羅王下面來討論很不適當。依我看，它爲何不刊登在別處呢？然而這是另一個課題，沒有機會充分討論，恕我不在這裡做深入的探究。

六七日的變成王，原是彌勒菩薩——

「前往這位大王的路上有一個難處，那裡叫做鐵丸所，遠達八百里的河原，這條河很寬大，佈滿著圓石，不只於一處，而在周圍相互滾動，撞擊的聲音彷彿響雷。每個石頭發出火光，好像閃電一般。罪人恐怖之餘，便要止步，奈何獄卒從後面追來，而罪人無力向前走時，獄卒就用石頭敲擊，打爛五體後死去，不料，死後又復活，活過來又被猛打，這樣經歷七天七夜後，才來到變成王面前。」

這時很快讓罪人進入審訊狀況裡，一如往例，罪人仰賴大王的慈悲，希望回到娑婆世界，修行功德和善根。大王告訴罪人說，你到目前為止，都是自食惡果，自作自受。而今可以開示三道給你，那就是依據罪過所選擇的道，還有馬上選擇惡道，承受苦惱。這時候，如果呈現孝子的善根與功德時，大王見了就會判定罪人投生到善處，免去地獄之苦，但若他（她）的兒女做壞事時，父母親肯定會下地獄，所以兒孫要慎重地弔祭亡靈。接著談到孝行的內容，前往下一位大王的法庭。

其實，這些都不足為奇，內容也跟『十王經』相同。

七七日的泰山王，原是藥師如來——

「前往這位大王的路上有一個惡處，叫做闇鐵所，乃是遠有五百里，一片黑暗，又無白天夜晚的境界，那條道路狹窄，左右兩岸都是鐵的岩石。罪人縮身通過好像走在岩角的刀山上，只要稍微碰觸到，身肉就會被削掉。若想搶先往前走，岩石會瞬息閉合，無法通過。若想站著不走，岩石又打開來，這樣受苦七天七夜，才能走到泰山王面前。」

接著就開始審判了，通常中有要七七天才告終止，誠如七七齋之名，所以也叫做圓七，意指中陰佛事的最後一天，而這也是中日兩國民間所習慣的佛教行事。

一般人把七七齋跟道教的十王齋混淆起來，其實除了七七齋，再加上百日、一年和三年，就等於十次佛事，直到三年忌之前，都屬於中有期，而這就成了十王審判的信仰，其實，這也可以說是道教的佛教。

這位七七天的泰山王掌管陰間的事，無異道教在山東省那位泰山之神，故也稱爲大山王，審判罪人之際又搬出佛教那種教訓式的口吻來。例如：

「『你若在下輩子只想無聊的事，實在很可悲，完全不思及自己的生命。因爲佛陀說：出生人間好像瞎龜找到大海漂流的浮木，非常不容易。具有多如恆河細沙那樣的宿善，才難能可貴地投生到人間，且碰到十分不易遇見的佛法，更是值得慶幸，結果，你不修行佛道，人身好似夢幻，稍縱即逝，虛渡人生，而今才會淪落到苦惱的境地，眞正愚蠢透頂。你不跟佛法結緣多麼可惜，我說話你聽到嗎？你必須據實說來。』

罪人說：

『您說我在娑婆世界時，虛渡一生，沒有珍惜餘暇，亦不曾修習佛道，雖然附近有說法的地方，卻只知忙於俗事，根本不曾參訪，一次也沒有聽聞。』

大王又說：

『你可以看到這個法庭上的罪人，多如天竺、震旦、日本和無數大國小國之衆，十方無邊的陰間衆生和陰間官吏都聚集到這兒，你必須要覺得可恥，來到這座法庭都要難爲情，因爲這是多麼丟臉的事。不肯聽聞說法，白走一趟，來去無所得，置身在大庭廣衆的面前，被獄卒打得哭哭泣泣，那是多麼丟臉。』

罪人乍聞這些話，銘感之餘，羞愧難當，但見他淚水直流。

一切罪人站在這位大王面前，被判定了投生的去處。

所以，泰山王前面有六個牌坊，就是地獄、餓鬼、畜生、修羅、人間和天上六道等趣門。當泰山王判定罪人的投生去處時，各個罪人紛紛走向自己的生處。一旦出了這個牌坊，必須下地獄者，迅速下去地獄；必須去餓鬼者，馬上到達餓鬼城。其餘各道都是如此，這座定罪的陰間法庭，等於所有罪人的塵世，倘若得到遺族的愼重追善，那就能轉動惡處的果報，改到善處去投生，因此，四十九天的追悼要愼重擧辦，若倘未決定投生之處的話，只好被送往百日大王的法庭去。」

以上是圓七、七七四十九和中有結束的時候，接著要送到百日王的法庭，而這些都出自十王信仰的習慣。原因是，中陰到此結束了。所以，那些十王審判的場面，不外描述圓七日，即是中有最後的狀況，如果讀完以上的文章，大概不會有什麼懷疑才對。

這裡總算判定了一切罪人的投生去處。決定去哪裡，意指沒有一個倘未決定的亡靈。六道有趣門，不論要前往那一道門都被泰山王判定了。所有亡靈都要依靠七七日的最後審判來決定自身的去處。這就是所謂圓七日的前因後果，也是爲何要舉辦七七齋，和預修七齋以及逆修七齋的緣由。

然而，爲了十王齋，才把中有從七七起，又加上百日，一年和三年，爲什麼一定要再舉辦以後三次，那是因爲中有必須從四十九天開始延長到三回忌。

倘若仔細檢討時，會發現十王不做審判的話，就會矛盾百出，而這也是不得已的事。以前習慣在四十九天結束中有，而這些原原本本遺留下來，爲了要經歷第八、第九和第十座王宮，那麼，以後三王就得附屬上去，形成十王審判的過程。

泰山王的審判已如上述，一切罪人在第七殿由泰山王來判定他（她）們的投生去處，每個亡靈都判定了生處，中有也從此終結了。

話雖如此，但上述的最後一句話說：「還沒有決定投生去處者，被送到百日王的地方。」可見前後完全矛盾，因爲圓七日等於每個罪人都有固定的投生去處……。爲了解決這個矛盾，就加上百日王以後三個所在，而後組成十王殿，那麼，罪人就必須前往第八殿那位百王的地方了。這一來，才勉強湊上這些文章。

那麼，到底有誰去呢？即使僅有兩三個人，也得編造幾個生處未定的情況。無奈，泰山王卻堅定表示：「一切罪人都判定了投生去處」。

因爲早已發覺這項矛盾，才得編造著若干未定者，這一來又得如何處理呢？結果，只好再去百日平等王的地方。

百日的平等王，原是觀世音菩薩

「前往這位大王的路上有一處河原，叫做鐵冰山，它寬長五百里，經常結冰，全都是硬厚的鐵冰。罪人橫渡去報到時，身體發寒，好像五體都僵直一樣。只要被冰一觸到，馬上全身血肉模糊，加上寒風凜烈，吹動冰響，好像打雷一般，如果罪人哀號站著，不想踏入冰層時，獄卒立刻在後面呵責……罪人高聲喊叫，不願走進冰裡，因爲冰厚有四百里，等著罪人進來，不料，當罪人一走進冰層，冰層即刻破裂，接著又封閉起來，不但這樣，冰塊刮破身體，彷彿利劍一樣尖銳。罪人歷經這些大難，才能走到平等王的面前。」

這裡正是寒冰地獄，之後接受平等王的審判了，一切過程跟前面那位大王一樣，凡是來到這裡的罪人，全是不曾進入佛道，作奸犯科之徒。所以，平等王再三開導他（她）們，而罪人也只知後悔流淚，惟一的生機只有娑婆世間的親戚家屬替他（她）追善一番。換句話說，遺族的追善能夠幫忙亡靈解脫大苦大難。尤其，親子之緣非比尋常，身爲兒女應該行孝。

作者搬出丁蘭等人的孝子傳記來開示兒孫務必要替陰間的父母行善。全篇都強調兒孫要追孝死去的親人，並說明追善供養的重要，此外跟上述沒有什麼差別。

一周忌的都弔王，原是大勢至菩薩——

雖然到了這裡，情況跟以後的三回忌相同，途中的苦難經過和種類也都說得夠詳盡，珍貴的構想也沒有了，途中所有狀況都經歷了，終於來到都弔王面前，罪人照往例都向大王稟告，感覺上不外是本性的顯現罷了。

因爲『十王經』這部原典對於每位陰間大王僅有簡短介紹，所以讓人對於這一點不太能感受出來，但『十王讚歎鈔』反而在這方面交待得很明白，請讀這段原文：

「罪人來到大王面前，滿臉淚水，如訴如泣地稟告，一路上經歷的苦難實在吃不消，到目前爲止罪業還沒有消掉，即使還剩下一些，也祈求大王慈悲寬恕我吧。」

罪人這些訴苦在以前每位大王面前都這樣說過了，雖然文章沒有詳述出來，但也不是什麼特殊的趣向。

反之，大王都命令罪人站在淨頗梨鏡前面，讓他（她）看看俱生神的記載，或秤一下業重，甚至讓他（她）看看壇荼幢，使罪人能死心蹋地接受自己的罪報。

作者還強調身爲孝子的人要追善供養，這一點跟別處一樣，倒沒有什麼特別。由此看來，一周忌那位都弔王實在沒有存在的必要，感覺上完全是不得不編造出來的。

但若讀到『十王經』那位都市王時，會發現要救度亡靈才編造一部『法花經』，只要抬出阿彌陀佛，才能消除寒熱之苦，又爲了替亡靈行善，只好接受八齋戒，成就殊勝的福力，這樣才得救度亡靈之苦，而這些倒沒有在『十王讚歎鈔』裡出現。

第三年的五道轉輪王，原是釋迦如來——

「罪人稟告大王大發慈悲，希望賜予一個侍應者的工作。因爲他（她）在每位大王面前看見一大群侍應者，實在很羨慕，自己一路上歷盡無數苦難，而今又不知前往那處投生？這時候，大王覺得不方便，只好告訴對方他（她）們因爲都跟那些大王有侍候之緣，才能在大王身邊侍候，而你卻無這種緣因，當然不能擔任侍應者了。

不過，你在娑婆世間若有遺族替你追善，我就一定會發落你去善處，倘若沒有遺族或任何親友追弔你，那就從現在起讓你下地獄了，我既不方便給你做侍應者，也沒有能力這樣做，一切是你自作自受，到目前爲止，你所受過的苦難比起地獄，好像大海的一滴水，你到地獄受苦的狀況如何，那些地獄衆生都會很淸楚說給你聽……。」

接著，作者描寫八大地獄的苦相，然而再回憶上述的話，罪人苦苦哀求大王給他（她）做個侍候者，可以早晚侍候大王，無奈，雙方沒有任何緣份，所以不能當侍候者，既不方便，又得不到遺族親人的追善時，除了下地獄，別無其他去處了，於是沒有第二句話說，就把罪人發落到地獄了。當然，地獄是極端痛苦的所在，作者分別敘述八大地獄。我們發現這位大王跟上述幾位大王的審判有些不一樣，似乎太簡單了。它好像跟前面的一年忌相同，在感覺上反而發現七七齋比較特別，而這一段構想總覺得不夠深入。

不過，這位大王的原身是釋迦如來，殊不知釋迦如來的原貌早已經是二七日那位初江王了。所以，這裡應該倣效『十王經』所說，搬出阿彌陀佛的原身才好。

百日，一周忌和三回忌都來自儒教——

以上談到佛教的喪祭問題，從送葬儀禮結束開始，就有七七齋等佛事了。之後也一直要進行十王供之類的佛事。顯然，七七齋屬於佛教自己的儀禮，這一點倒是可以承認，不過，十王供卻跟道教混淆起來，而被看作一種民間信仰，又從七七齋開始到以後的百日齋、一周忌，與三年忌等佛事，實在來自儒教的喪祭儀禮；可見佛教跟儒教採取同調步驟，才會編造如此相同的喪祭過程。

㈢、儒教的小祥和大祥

誠如上述，依照儒教的規矩，結束葬儀，也就是辦完埋葬的儀禮，回到家後，馬上進入殯宮大哭一頓，然後舉行虞祭之禮。

這套虞祭之禮也因為階級高低而有差別，規定天子有九虞，諸侯要七虞，大夫為五虞，而士要有三虞。至於一般百姓在古代記錄上幾乎罕見，大體上是士要三虞，如果要舉辦三次祭禮的話，那麼，一般百姓也恐怕只有舉行一次了。

三虞結束那天就要舉行卒哭（終止哭泣）了。次日舉行祔的儀禮，亡靈便以祖靈的身份放在祖先廟接受祭祀，至此在形式上等於一切葬式都終結，總算喪事告一段落了，關於這些詳情已在上面探討過了。

那麼，在儒教裡，從祔禮以後，還要舉行哪些儀禮呢？像佛教那種七七齋，十王供之類的喪祭儀禮會怎樣呢？

本來，有人說佛教在三年之間的喪祭，都淵源於儒教的小祥、大祥等喪禮，那麼，所謂小祥與大祥又是怎麼樣的喪禮呢？

小祥祭祀——

三虞的祭祀結束，卒哭的儀禮之後又舉辦祔祭，經由這些過程，亡靈終於加入祖靈的行列而成了神。所謂送葬儀禮大體上到這裡完畢了，但從祔祭起到第十三個月，也就是滿了十二個月，即是小祥的祭祀。

所謂小祥，意指一周年的祭祀，而它相當於佛教的一周忌；大祥則相當於三周忌的二十五個月，反正小祥跟大祥的稱呼是相對的。

那麼，祥這個字義就是吉祥，或幸福，因爲葬儀完畢，亡靈被當作神一般放在祖廟裡祭祀，這可不算凶禮，反而屬於吉禮或吉祥之祭。

『禮記』上說：

「小祥時，主人練祭，不向賓客旅酬，而賓客亦不必回應，就是禮了。」

所謂練祭，意指小祥的祭祀而言，然而這次祭祀要練衣練冠，就是要披麻戴孝來祭拜，所以，小祥也叫練祭。

旅即是旅酬的情狀，旅爲衆者也，意謂不必跟一群賓客獻酬。小祥祭祀之際，縱使賓客或親友盈門，紛紛前來助祭，但在祭典完畢的飯局間不必向這群賓客獻酬，而對方也無意接受，這才是正常的禮節。

佛教倣效這項小祥，剛好將一年的日期看作一周忌的性質來舉辦一場佛事。

日本人所謂祥月，意指每年去世那個月，而所謂月忌者，意指去世那天，每到這些日子舉辦一場佛事，也都淵源於大祥和小祥的「祥」也。

大祥的祭祀

所謂大祥者，即是三回忌的情況。上述小祥是從死亡開始期滿十二個月，而大祥是從死亡起期滿二十五個月要舉辦一場大祥祭祀。

那麼，諸如這些大小祥的祭典到底要怎樣舉行呢？看作家廟祭祀的性質，擺出供物、佈置莊嚴，而主人、親友和來賓等人要如何表現呢？

我一面思考這個問題，一面翻閱『儀禮』、『禮記』，以及許多前人有關這方面的論文著作都少有充分的研討，由於這些解說非常罕見，所以，我也無法解說得很圓滿。

不過，小祥大祥時要穿戴什麼衣冠或服裝？到底規定如何？不妨參考谷田孝之所著『中國古代喪服的基礎研究』第三部第三章的衣裳那一項，至於冠的研究，則在第一部第一章首服那一項說得較詳細。

禫祭的問題

所謂禫祭，就是大祥結束的下個月舉辦，叫做除服的祭典，意指喪家要恢復平常生活的祭典。

因爲大祥無異三年之喪，所以大祥結束就要除服了，除服這項祭典要特地舉行，這叫做禫祭。

『儀禮』的「士虞禮」有一段話（最後）說：

「在期小祥。曰推荐常事，又在期而大祥，曰推荐祥事，隔月而禫是月吉祭，尙未配。」

因爲從大祥開始，間隔一個月，所以，禫祭是從去世開始算到第二十七個月。因爲大祥選在第二十五個月，之後隔了一個月，才在第二十七個月舉行，所謂第三年。其間，關於飲食問題，不妨參考『禮記』的「間傳」記載：

「父母之喪，若已經虞祭和卒哭，就要疏食喝水，不食菜果，若此期間小祥，就吃菜果；若期大祥，就吃醯醬，月中而禫，禫飲醴酒，開始飲酒，先飲醴酒才食肉，先食乾肉。」

起初在死後三天斷食，悲慟之餘，什麼也不通暢，到了第四天才吃些稀飯。以後也完全疏食，幾乎只有喝水，連菜果都沒吃。一年的小祥祭完畢，才吃菜果。那麼，三年忌的大祥才允許喝酒，連肉類也不禁止，乾肉亦可以吃。

禫祭的情形已如上述，但有一個問題是：這項祭典是因爲辦完喪事才要舉辦的呢?還是喪事結束後舉辦而具有特殊意義的祭典呢?自古以來，許多人議論紛紛，但也似乎都沒有定論。

換句話說，禫祭完畢才得終止三年之喪呢?還是在禫祭前的那場大祥結束時，就意謂喪事完了呢?就是這個疑問。

還有這場祭典要在大祥那個月，即是死後第二十五個月舉辦呢?或在一個月即第二十七個月才舉行呢?自古以來就有兩種觀點，且各有一套主張。

不論那一項主張，反正所謂禫祭這個禫字，即是澹也，意謂澹然無事，或平安的意思。辭典上說，那是一種安靜的情況，亦即平安之意。

禫這項祭典，意謂三年之喪終了，可以恢復往常的生活作業，和人事應酬，情狀跟昔日一樣，由於習慣這項祭祀，好像才稱它爲禫祭的樣子。

縱使跟大祥同一個月，或選在一個月以後，禫祭的意義不變，表示三年之喪結束，成爲除服祭典，才能讓遺族和親友們安心。

以上總算把送葬儀禮和喪祭儀禮大體上說完了，若跟佛教方面相提並論，無異佛教的七七四十九日和一周忌之間那場百日祭了。

百日祭

佛教那些七七佛事出自佛教經典，而這種習俗早已存在印度佛教裡了。到了中國以後，佛教徒倣效儒教的小祥與大祥等儀禮，就乾脆把一周忌與三回忌，變成小祥忌與大祥忌等佛事了。

其間，有一項百日忌到底來自何處呢？大體上，我們知道七七剩下的三項佛事都依據儒教的祭典而來，但在儒教裡倒還沒有聽到百日祭這項祭典名稱。七七後的三件佛事是中國佛教配合儒教的喪祭而衍生出來的，固然能夠簡單敘述，而今這個問題卻不是這樣簡單了。

那麼，應該怎樣說明才好呢？

關於這個問題，不妨以原來的說法方式來解答，那就是三虞的祭典結束，卒哭之禮在同一天，或稍後些舉行，但這項卒哭之禮正好從死後三個月，就是九十天後或稍後舉行，所以才倣效卒哭之禮而設想出一項百日忌來。

請看『儀禮』的「士虞禮」上說：

「死後三天入殯，三月下葬，最後卒哭。」

誠如前述，通常在死亡後三個月才埋葬，在這以前，有所謂第一次下葬的性質，即埋葬於殯宮，日本人叫做密葬與本葬。

在日本，從密葬結束開始，直到本葬之間也要停留一個多月，這顯然是可以理解的，因爲在中國古代的儒教制度裡，曾經規定士要在死後三個月才能下葬。

當然，這些規矩也由於身份高低而有不同，若以普通的士即讀書人爲中心時，都會在死後三個月的九十天舉行葬式，接著舉行卒哭。誠如上述，在這以前，不分時間和場所，只要心生悲痛，都不妨痛哭一場，甚至大聲哀號也不在禁止之列。毋寧說，這反而是對死人的一種禮儀，才有這樣的規定，但因本葬結束，虞祭也完了，甚至送葬也完畢，那麼就要舉行卒哭，也就是終止哭泣的一種儀式。

雖然規定不要哭，但也不是絕對不許哭，而是不要不分時間與場合，想哭就哭那種情況，只有規定早晚與特定時刻才能哭號而已。

這就是卒哭的意義，它在送葬儀式裡佔有很重要的地位，這是無庸置疑的。

在佛教裡，卒哭定在九十天後才能舉行，滿了九十天，大約接近一百天，就叫做百日祭了。

這方面大體上說到這裡爲止，但是爲何一定要把九十天說成百日呢？倘若卒哭在第九十天的話，那何妨叫做九十日忌，爲什麼非叫做百日忌不可呢？這一點似乎還說明不夠充分。

若說百日忌是吸收儒教的卒哭而成的儀禮，那麼，就彷彿把小祥當作一周忌，大祥當作三回忌一般，爲了應付十王信仰那套十王供，就設法在四十九日與一周忌之間，插入一次忌日，如果把卒哭忌放進去，照理說也仍然屬於九十日忌，這一來，關於百日忌出現的理由就不得不從別處找尋了。莫非在什麼地藏經典，或冥界經典，以及跟道教有關的書籍裡提到百日忌這類行事嗎？

因爲到目前爲止，我還沒有在這方面做充分的思考，自然無法提出相關資料，也不能清楚地說出百日忌擬定的任何理由。

那麼，卒哭經過三個月，選在葬式結束那天，也就是定在同一天舉行不可以嗎？

誠如上述，「卒哭」出在『儀禮』的『既夕禮』那一章，鄭玄對它有一段註釋說：

「卒哭是三虞後的祭名，始在朝夕之間，只要哀傷就能哭，到了這種祭祀就要停止，只許在朝夕哭泣。」

問題是說，卒哭爲三虞以後所舉行的一項祭名。

那麼，三虞又是什麼呢？且得在何時舉行呢？這一點也已在前面提到了，葬式結束，回到家裡，就迎接死者的靈魂到殯宮奠祭，讓亡靈得到安祥的禮儀，就叫做虞祭。

還有三虞就是始虞、二虞和三虞，經過三天，舉行三次的制度。當然，這方面也由於身份高低不同而有差別，依據『禮記』的「雜記」上說：

「士是三虞，大夫是五虞，諸侯是七虞，天子是九虞。」

由此可見，三次算是最少的了，因爲一天有一次，那麼，三虞就必須要有三次了，況且有柔日與剛日之別，而始虞按照規定要選在柔日才好。

由於以上各種緣故，三虞結束是從葬式那天開始的第四天。

卒哭是在三虞結束的同一天，或在幾天後的日子舉行。這一來，卒哭即使跟三虞在同一天舉行，也是葬式以後四天了，從死亡算起的九十四天，而不是九十天，更不用說卒哭是三虞以後幾天；果眞如此，那就要從九十天算起到一百天的日子了。

由此可見，卒哭不在第九十天，而是選在快要一百天的日子，對於倣效卒哭來舉辦佛事的佛教徒來說，把這個當作圓滿一百天的數字，或看作百日忌的意義，豈不是更正確，更過癮嗎？

結論

由此看出佛教跟儒教喪祭方式的互相對照情況，依儒教規定，從死亡以後到三年喪祭的大祥之間，以及大祥結束開始到除服祭的禫祭以後，所有情狀都提出來概說過了。因爲那些都屬於古代禮法，就難免衆說紛紜，至於實際問題怎樣?或完全不清楚的情狀也多得不勝枚舉，不過，這些跟佛教有何關連至少也稍微明白了。

諸如許多古代禮法，尤其有關喪祭方面，首推『儀禮』與『禮記』兩書最重要，如果我們不參考這方面的各類註解書刊，老實說，那是不太可能理解的，這方面有一位權威學者叫做池田末利博士，我除了參考他的著作，也同樣閱讀其他專家的研究，才能做出以上各種分析與說明的。

但是，還有些問題遺留下來，例如，最重要的一項衣服問題，每次祭典都有規定服裝、冠、鞋子、裝飾品等，從死後開始到服喪完畢，衣服的種類眞是一件大事，煩雜的情狀，讓人不勝驚異。

谷田孝之有一本專著『中國古代喪服的基礎研究』，這本書也是他的學位論文，如果讀過這本喪服的研究報告，那麼，就會發現喪祭衣服是多麼麻煩和龐雜，簡直令人難以想像。

還有必須研究的是，除了食物，要算祭祀的供物了。碰到親人死亡，三天不吃東西，等於完全斷食。從第四天開始吃些稀飯，和稍許食物，之後即是喪事結束，才開始吃肉喝酒，至於其間飲食規矩又怎麼樣呢？

在這三年期間，每天在亡靈前要供祭些什麼食物呢？若不是平常的時日，而是在殯宮、葬式、百日、小祥、大祥等特殊日子的祭典供物或食品又該如何呢？這些都是必須探究的問題。

再說喪主或遺族在喪事期間的居住也有問題。其間要住在簡陋的小房間，它取名為倚廬，到底由誰，從何時開始住進去，直到何時才能退出來呢？當然，如果是父母親過世，就得由次子住進去，但若妻子死了呢？或丈夫死了呢？甚至兄弟過世呢？各種情況都可能出現。

喪事期間的問題，計有三年、一年、九個月、五個月和三個月等，依照喪服類別，也可分成斬衰、齊衰、大功、小功、緦麻等及其時間，如果仔細一算，可以多得不勝枚舉。

諸如此類有許多不同論點，若要裁判對錯或下個更好的判斷，也實在不容易。

還有一件要知道的是屍體的問題。今天日本的習俗是把牌位看作死者亡靈的依據，殊不知這是儒教的規矩，計有重和立尸，又以木主與神主的象徵而採用牌位之類的東西，並舉行祭典，而這個問題也非完全搞懂不可。

㈣、『玉歷寶鈔』的十王審判

我現在手頭上有『重刊玉歷至寶鈔』和『玉歷寶鈔』兩本書，兩者都是陰間十王審判圖。這兩本都是在第二次世界大戰以前從北京買來的，屬於善本類之一；前者算是石印版，一百零七枚袋綴，有光緒十六年李經的序文，屬於菊判長方形。後者是北平中央刻經院發行的鉛印本，民國二十五年十二月的再版本，當然是袋綴白紙，六十枚B6判形的眞正善本。

兩本全是十王圖，以布施書性質深得民間的信仰，從清末起到中華民國期間，這是顯示民間信仰的有力資料。

信仰死後十王審判的習俗，早自唐宋時代開始，直到近代依然相信生命永遠保持，並以布施書刊的性質，跟道敎的『太上感應篇』、『關帝覺世眞經』、『文昌帝君陰隲文』等書都在民間大為暢通。

翻閱『玉歷寶鈔』的目次，計有下面幾章：

第一章　玉歷之圖像
第二章　玉歷之序論
第三章　玉歷之緣起
第四章　玉歷之傳統
第五章　玉歷之印證
第六章　奉行玉歷之善報
第七章　不信玉歷之惡報
第八章　欲除玉歷上所載苦厄之一切善法

至於下面的問題，則有玉歷寶鈔勸世文。

『玉歷至寶鈔』也在內容上大同小異，屬於警惕世間的性質，純粹爲了勸善懲惡而撰寫的。反正兩者都不同於『地藏十王經』，因爲作者完全從佛教的角度來探討一切，反之，這本『玉歷鈔』毋寧說，反而以道教爲核心，內容完全站在儒、道、佛等三教思想上而比較偏重道教，這是值得重視的一章。

現在就來看一下『至寶鈔』的圖畫，最先那一張是觀音菩薩在海上的風貌，下頁是陰間教主——地藏菩薩騎著唐獅子來迎接，再下頁是以酆都大帝的身份，呈現道教在地下那位大帝、接著從第一殿到第十殿，都呈現諸王與罪人間的苦惱情狀。

若將第一殿秦廣王起到第十殿的轉輪王等內容，跟佛教的十王圖做一番比較時，實在非常有趣。因爲『玉歷鈔』是道教爲骨幹，所以，諸王的本相或原身跟佛教諸如來當然不會寫出來，內容也大不相同。

但大致上說來，十王的信仰早在唐宋時代留傳下來，十王圖當然以佛教爲骨幹，而『玉歷鈔』倣效十王圖，明顯屬於它的系統，若從這一點來看，在圖上諸多重點可以說大體一致。例如『十王圖』上第五閻羅王的地方，有一個秤能夠衡量罪業的輕重，將罪人放在秤上，透過一方的稱砣（砝碼）可以判知罪業的重量。

在『十王圖』裡，罪人坐在秤磅的盒子裡，但在『玉歷鈔』裡，罪人反而被吊起來，掛在秤磅的鑰匙上，旁邊有一群鬼卒在看守。

只要提到第五殿的閻羅王，必然會出現一面淨頗梨鏡，讓一輩子所造諸惡業一五一十地反映出來。無如，在那本『玉歷鈔』的第五殿閻羅天子裡，卻沒有出現那面鏡子，不知什麼緣故？

在閻羅王的第五殿裡雖然沒有鏡子，例有一座望鄉台，而從這座台上可以目睹留在娑婆世間的妻兒眷屬。看見他（她）們在胡作非爲，不禁痛苦嘆息，又成了自己的惡報，這就是道教的說法。

那麼，難道每一殿裡都沒有鏡子嗎？卻也不見得，至少在第一殿的秦廣王處掛著一面。因爲秦廣王在掌管人間壽命的長短與生死帳冊，所以放有一鏡。走進殿堂，鏡子放在右邊的高台上，取名爲孽。孽意謂災難，凡在世間所有罪孽統統能從鏡中獲悉。可見功能上仍然不離『十王經』那面淨頗梨鏡。那麼，爲什麼放在第五殿閻羅王，即閻魔老爺地方的東西要搬到第一殿來呢？

依照『玉歷鈔』的作者看來，好像這樣在順序上才合乎道理的樣子。那麼，在『十王圖』裡，爲什麼要把那件東西偏偏放在第五殿呢？因爲閻魔是十位陰間諸王的代表者，位於十王中央，而中央又在第五殿，依照道理來說，不必放在第一殿，而得放在第五殿的閻魔大王處才對。

因爲現在以道教爲骨幹，按理在第一殿能目睹世間的鏡子要放在最先那一殿，才能糾正罪人。

這就是『十王圖』與『玉歷鈔』諸般不同中的一個例證。

不妨再讀『玉歷寶鈔勸世文』的一段開宗明義：

「近來不時出現一個最大的誤解，大家以爲若死了，靈魂就隨之消滅！若說有靈魂，那要怎麼說好呢？還有各種動物全都是上天賜給人類的食物，於是就任意屠殺，而不知會製造恐怖的罪惡。無常一到，壽命就會結束，循著各自的業力在六道輪迴，出沒於三途，自己無能爲力，眞是悲哀了。」

作者寫這本書希望大家參考之餘，要好好重視自己的生活。不僅表示道德的意義，而在叙述怎樣歷經三世因果的報應道理，並勸導世人修持善根，才能投生善處，這是眞正的佛教理念。

前述那本『玉歷鈔』是以道教爲核心，不少內容都能跟『地藏十王經』遙遙相對，所以，『玉歷鈔』可以說以地藏菩薩爲主角。

『玉歷寶鈔』的首枚圖畫是地藏王菩薩像，戴著寶冠坐在中央，左側有一位彷佛儒者的老人，右側有一位彷佛年輕阿難的和尙。當然，他不是阿難，因爲手持錫杖，也不外是地藏的羅漢吧？

裡面有『地藏本願經』所說的情狀，只要肯燒香供養地藏菩薩的形像，或肯禮拜讚嘆的話，可得下列十項利益。一是土地豐饒，二是家庭永遠平安，三是死後也能往生到天上，四是現世得以長壽，五是如願得到想要的東西，六是沒有水火災難，七是免於虛耗，八是斷絕惡夢，九是任何時刻都有神佛守護，十是能碰到許多開悟之因。

這的確是地藏菩薩的信仰。第二頁圖是「地獄行化圖」，寫明幽明教主——地藏王菩薩的幡在飄揚，並有四個隨從，出現地藏菩薩騎獅子的圖畫。這些場面都是頭戴冠帽的地藏。

『玉歷鈔』的確可以說是道教象徵的『十王經』。

九、靈魂的行蹤

到底人死後會變成什麼？難道像草木枯死一般，就這樣結束了呢？還是百無聊賴，無所依靠，不然就是乾淨利落，一了百了呢？其實人類的感情很豐富。

因此，這就牽涉到靈魂的有沒有問題，古今中外也都談論人死後的靈魂果眞存在嗎？或者不存在呢？

這的確是人類千古之謎，因爲沒有人死後會有訊息回來。不，來自陰間的訊息自古以來，尤其近來能夠透過死人的靈媒者傳達各種訊息，甚至互相交談與訴苦了。

不過，依照現代科學界看來，這些全屬迷信與謊謬，不足採信，凡具有科學教養的現代人，根本不信這些問題。靈魂問題尚且這樣，那就更不用說死後世界，陰間十王、地獄或極樂等，依照科學界看來，全部不足以構成問題。

縱使談論起來也變成無窮盡，永遠扯不完，但若碰到自己的愛子去世，或愛妻死去時，只憑理性的科學也不能排憂解悶。總希望在哪兒能相會？或在那個不同次元的世界，即使看不到外形，只要有靈魂存在，那麼，自己死後也能去會面。

由於這種念頭存在，才會使自己的哀慟稍微淡薄下來。同時在佛前叩拜，注意自己的態度。一直希望有個淨土才好，否則，這份痛苦永遠無法克服的。

死後的靈魂就這樣地存在了。所謂幽靈者即是人類死後的靈魂，那可不是科學性的學術世界，而是人類感情世界的東西。

不論中國或日本，自古以來就一直這樣瞭望死後的世界。同時費盡苦心多少亦無妨，總想讓它落實，或科學化。形形色色的文獻就靠這樣撰寫和留傳下來的呀！

靈魂、魂魄與鬼神

死人的靈魂到底在哪裡呢？上述佛教有一個叫做中有的陰間，從七七四十九天起，直到圓滿兩年的三回忌之前，始終飄流在十王的世界中。由此可知一旦宣告死亡，那個名叫靈魂的東西離開屍體，迅速前往中有的陰間了。

至於人死後，遺族爬上屋頂舉行召魂儀式，那是因爲他們相信靈魂眼前不去那裡，只在家庭周邊迷惑著。

其實，這個不外上述那種「復」的儀式，讓靈魂回到原來的身體上，也叫做蘇醒或復活。

不過，這裡所說的靈魂、魂魄或鬼神等物，全都是人的精神，或我們的本來面目；既然如此，那就很值得我們再思索一下。

中國古代書刊有所謂儒家的四書五經，其中有一種『禮記』對於這方面說得很生動。原來孔子有一個弟子叫做宰我，乍聞鬼神之名，便問孔子那是什麼？孔子答說：「鬼神的鬼是寄寓於人類身上一種魂魄的魄，而神是它的魂。鬼與神結合後，就等於祭鬼神，那才是教理的究極。人類終究要死的，死後的形魄回歸於泥土，這即是鬼，它的魂氣在天上活動而成了神。」

這麼說來，魂與魄都一樣，人死後的魂到天上去活動，就叫做神，而魄回到地下就成了鬼。總之，鬼神、魂魄與靈魂等全部大同小異，均屬於人的精神。

但有一點必須注意的是鬼或鬼神。日本人不把「鬼」字讀作「基」，反而叫它「歐尼」。只要一聽到「歐尼」，大家會馬上想到童話中那位桃太郎打倒鬼的故事，憶起福是指內，而鬼是指外面的鬼。

這些鬼都是頭上長有角，手持鐵棒，呈現恐怖猙獰的面貌。

中國有一本古書『列子』上說：「鬼即是歸來，回到自身的眞宅。」可知鬼即是氣勢、精神或魂也。

中國人說，死後就成了鬼，而日本人所謂幽靈者，其實也是鬼。所謂鬼氣逼人或陰森森這個鬼者，意指死人的靈魂，或幽靈出現的恐怖氣氛。變成鬼神時，那個神即是精神之神，其實也是個鬼、氣、魂氣或精靈等精神現象，無異宗教祭祀的對象神。

這一點同樣在『禮記』的「郊特牲篇」有一句話說：「魂氣歸天、形魄歸地。」可見統統都一樣也。

天上的魂氣叫做神，回歸地面的形魄叫做鬼。不論魂也罷、魄也好，都是俗話的「靈魂」，它寄寓於人的肉體裡，但通常分成兩類，即是魂與魄也。詳稱魂氣與形魄，而它們又變成神與鬼。

不論怎樣說，反正統統都是一種精神或靈魂，鬼神也是其中之一。

若依『禮記』上說，鬼神是萬物精靈中最殊勝之物的名稱，而不是鳥獸畜類，或山川草木等精靈，它是人類的靈，也是人的靈魂，最殊勝不過了。

由此可知鬼神就是祭祀的對象神。誠如前述，如果成了鬼就會回歸地上，跟靈魂或魄等情況稍微不同。

如果是鬼神，多半都是祭典的對象神，在宗廟接受祭祀，以祖先神的身份受到後代子孫供祭者，正是這種鬼神，這方面將留待以後詳談。

不管怎樣，反正死後的靈魂或叫魂，或叫魄，甚至叫做鬼者，都是人在有生之年，被稱爲精氣、精神、魂氣，或元氣、氣息以及生氣等，統統屬於氣的範疇。

這些因爲死的緣故才會離開肉體，而變成靈魂前往某處。依佛教來說，極壞的人死亡後馬上下地獄，極好的人卻馬上到淨土去。

也許有人問說，除了極好與極壞的人以外，那些中善中惡或不太好亦不太壞的人，也就是一大群中間人要去哪裡呢?答案是，他（她）們會往生到「中有」。中有的初期爲七七四十九天，後來流行十王的信仰而出現『十王經』，根據這部經典說，陰間的十王審判之後，滿兩年，亦即在三回忌以前的日子叫做「中有」，滿兩年後舉行三回忌這種佛事結束，才決定靈魂到底去哪兒投生?

所以按照佛教的解說，死後的靈魂再怎麼長也不能超過兩年，即是不能在「中有」迷惑兩年以上，至少在兩年之間必須待在中有裡。

誠如上述，中有的生活仍然是一種地獄。所謂中有，因爲不說成地獄，才讓人疑惑在那裡只有徬徨，果眞這樣思索，無疑是一大錯誤，也是相當嚴重的事。

中有的靈魂只盼世間的妻兒眷屬替他（她）追善供養。

站在佛教的立場來說，至少死後兩年裡的去處，就如同上面所說，大體上可以明白，那麼，儒教又怎麼說呢？

依據儒教的『儀禮』或『禮記』上說，再加上古今許多儒學研究者的各類註解，始知除服以後，尚有許多繁瑣的儀式，在三年服喪完畢之前，這個所謂靈魂者又在哪裡呢？

死後要立刻進行一種叫做「復」——的召魂儀式，那要爬到屋頂，披上死者平時常穿的衣服，呼喚死者的名字，因爲靈魂離開肉體，何去何從，要竭力呼喚回來。他們也許想像靈魂離開肉體的屋頂，等於離家飛向空中才要叫喚回家。

這項行事在中國社會一直延續到近世，日本社會也好像一樣流行著。這時候，那個靈魂至少在宣告死亡後，留下肉體，從某處如何迴繞都不可知，如果有天窗，也許從天窗飛出去，或許登天去了，這些不外他們的想像罷了。

任何人都可能暗想靈魂離開肉體，會鑽到床下去吧？因爲床下、地下都意謂地獄，而講到天空自然會想像天上去。

雖然，儒教舉行「復」禮，奈因靈魂不會回來。所以，死人不會復活，那麼，就不得不替死人舉辦一場儀禮了。但也不知死後的靈魂到哪裡去？

靈魂的依據

靈魂離開屍體飄遊，到處徬徨，儘管再三呼喚，進行復禮，向北方叫了三次都不能回來。

這時候，大家勢必會思考靈魂的停留所在或休息地點。這是靈魂的依代。在依代裡有衣、銘、重與尸，之後有主人。

衣——就是臨終不久，馬上爬到屋頂，向剛走的靈魂呼叫三次，或向屍體舉行復的儀式時，爬到屋頂呼叫的人，也就是那位復者，披上死人的衣服爬上去。

『儀禮』的「士喪禮」上記載，復者爬到屋頂：

「以衣服招呼某人復來，叫喚三次，將衣服向前落下，並用篋承受，用它披在屍體上。」

意謂一個人拿著死者的衣服爬上屋頂，連續叫喚三次回來呀！死者的靈魂附在衣服上表示回來，之後把衣服在前庭掉落下來。

站在下面的人不能伸手去接，而得用一個長方形的箱子（篋）去接受，再將這件衣服掛在死人身上，這也叫復衣。

復衣就是最先出去那個靈魂的衣服，就成了依代。在家屋一帶遊離或徬徨之間，依附在自己衣服上的靈魂，就算得到了安息，找到了附托，或回到了自己的住家，反正家人相信靈魂就在那裡了。

銘——其次，靈魂依代的象徵爲「銘」。銘是死後第一天要設置的東西，它屹立在死人的靈柩旁邊，上面寫著「某人之柩」，讓別人知道柩中的死者到底爲何許人？當「銘」這件東西豎立起來時，就開始替死人沐浴。由此可見銘是最先得準備的東西，而它也依舊成了一項靈魂的依代。

在室內，有人替死者沐浴，忙著進行「襲」等行事時，旁人要準備依代的另一種東西叫「重」，將它豎立在內院與屋外，把銘拿到內院來，豎立在「重」的地方。

重——依據『儀禮』的「士喪禮」上說，就是削一根木頭，上面挖個洞穴。長要三尺，不外是裝食物的一種道具。因爲「重」含有掛鬲的意思，所以才叫做「重」。且在雖然也能叫做槷木，但若稱爲「重」的時候，會讓人感覺它有某種靈性的意味。「重」裡捲著蘆葦的蓆子，因爲向左捲，所以，這條細木是倣照死者形象之物。掛在這條細木（重）的鬲（食器）裡，裝有米穀等供祭亡靈的食物，而這也不妨看作靈魂的依代，讓人看了都能明白那是死人聚集的場所。

死後第一天就得在庭院中央把「重」弄妥當，而「銘」就靠這根「重」戳起來。銘是用三尺左右的布掛在竹竿上，好像旗幟一般吊起來。

這兩種依代同樣地在庭院中央互相依靠，兩者都表示靈魂的依據，象徵著重要地位。

這一來，銘和重就是在三個月或五個月期間，直到入土埋葬以前，都陪伴著靈柩一起。

毋寧說，「重」還要延到更長些日子，扮演某種角色，直到士虞禮完畢，都在替代主人，才能消失蹤跡。

從重到尸——

「銘」與「重」以靈魂的依代性質，在人死後三個月以上，相當漫長的期間內扮演這種角色，世人相信靈魂在這期間不會徬徨迷惑，而停留在這種依代上面。

之後，「銘」跟葬式一起進退，陪伴死者的棺材埋在土坑之內，而「重」尚有未了的角色要扮演，要到下葬後結束三虞之禮，才算大功告成，被埋在祖廟門外的東邊。

物。

這時候，以依代角色出現的是尸。

誠如上述，尸好像銘與重一樣，但不是布塊或木頭，而是扮演死者替身的人物。話又要說回來，那也不限於眞人或活人，有時可以用畫像，有時也製作人的形狀物。

尸即是祭神時替代神靈的物件受人供奉，也有屍體的意味。總之，葬祭時候的尸，象徵靈魂的依代，在儀式上參列出來。

扮演尸的人不是兒子，而是由孫子擔任這個角色，這個孫子變成尸，讓他披上死者的衣服意謂親切地侍候死去的親人。

那麼，這個尸要出現在哪種祭典上呢？那是從送葬回來所要進行的虞祭。

這個尸的角色不僅出現在三虞祭祀的時候，不次舉行卒哭，或祔祭時，也要迎接同一位尸來才能進行儀式。

尸在虞祭時扮演的角色十分重要，因爲要舉行九飯的儀式。今天日本人依然沿襲這種習俗，即葬式以後的「守護」。以供養的意思向列席者和親族提供飲食，勸他（她）們吃喝一番，同樣的情況也在中國古禮方面呈現出來。

尸可說是那種場面的主要客人，向尸進酒九次，而尸就要收下，充分滿足酒食以前要做這種事，必須向侍候父母親一樣誠懇。

從尸到主人

這一來，從虞祭起到祔祭之間，尸要扮演死者替身的角色，虞祭規定士有三虞，但要依身份不同而有五虞、七虞和九虞等差別，有這種情況下，尸的責任就很繁重了。像每天都必須扮演酒肴的角色，還有卒哭或祔祭時也有互相敬酒的場合，對於滴酒不沾的尸應該怎樣才好呢？

若是尚未成年的孫子，甚至年齡還很幼小時，實際上如何進行呢？『儀禮』或『禮記』的記載，只說明原則而已，或講些方針與主義，至於實踐到什麼程度，或怎樣去履行？由於缺乏這方面的實際文獻，我也無法作答。只憑想像而已……。

但是，這種尸制的建立只在古代實踐，春秋戰國以後就被廢止。反而用像來替代了。

還有尸存在於祔祭之前，以後用什麼當作靈魂的依代呢？那就是主人，在今天社會盛行佛教所說的牌位。

所謂神主，其實是用木塊做成的，故叫做木主，上面寫明姓名與階位。這塊木主放在宗廟接受子孫的祭祀，但它跟其他依代不同，一直留到以後很長時期，跟祖先崇拜的行事一齊逐漸得到愼重的對待。

從死靈到祖靈——從喪禮到祭祀

由此可見，以儒教爲中心那種中國古代的死人靈魂，在三個月後的葬儀時，就是被送到荒山野外，埋入土坑之前，都跟屍體一齊，被一般人看作死靈，也當然用對待死靈的方式來舉辦儀禮了。

在現實上，面對死人，也接觸他（她）的形貌，感覺上既親近又悲傷，同時對他（她）舉行各類行事。例如復、沐浴、小歛、大歛、殯，之後埋在墓地，無一不是令人悲哀，又哭又叫，而這樣也始終把他（她）看作死人的靈魂。

這種死靈或以亡靈的身份，跟人類之間也有各種交涉。我曾經寫過一篇『中國的幽靈與佛教』的論文，其實，這個幽靈也屬亡靈，或死靈之類。

而今埋葬了屍體，死人的形貌再也見不到了，在這段時間以前即是死靈，若將喪祭行事分開來，變成喪與祭的話，那麼，在下葬完畢以前即是喪，屬於凶禮，或哀悼之禮。

但在祭祀方面，就由死靈回到列祖列宗的廟受到子孫祭拜，無疑昇化到祖靈的身份了，由哀悼變成敬虔，由凶禮變成吉禮。若從儀禮的觀點說，等於卒哭完了，脫離祔祭。

死靈就成了祖靈，以鬼神的身份在祖廟被子孫祭拜，即是祔的祭典。從所謂喪的凶禮，進展到祭的吉禮了。

這一來，就出現問題了，所謂喪後的虞祭與卒哭，到底要列入喪或是祭祀呢？屬於凶禮或是吉禮呢？這時候，便有許多不同的意見了。如從三年之喪的觀點說，滿兩年屬於喪中，同樣等於喪事，祔祭也一樣，但所謂喪中祭祀這一類的矛盾行爲，實在多得不得了。

虞祭或卒哭，屬於喪禮與祭禮之間的過度性行事，既是一種凶禮，也同時是一種吉禮。

但若說得更嚴謹一些，只要結束小祥、大祥，連所謂除服那一套祭典的禫祭也終了，才算是吉禮的祭祀。

在這以前仍然屬於服喪中，所以要穿喪服，既然在服喪期間，也自然算凶禮了。

一面以鬼神身份在宗廟受到子孫祭拜，一面又必須在禫祭之前當作凶禮，結果出現矛盾了。

這樣看來，原則上，喪完全是以死者爲中心的一種行事，而祭乃是以主宰者爲中心的一種行事。

喪禮是凶禮，因爲崇拜死靈；祭禮是吉禮，因爲崇拜祖先。

佛教的立場——

站在佛教的立場上看，到底何時何處從死靈昇化爲祖靈呢？

佛教的送葬儀禮說，有七七四十九日就算大體服滿了。在這以前算忌中，身份要謹慎，一心一意爲亡靈著想，遺族要盡量修行功德來迴向給死者。

至少這段期間是悲哀、凶事、忌中和喪中。但在佛教原來使用忌日、月忌或年忌等都採用「忌」字，而不用「喪」字。倘若提到喪中一詞，那可不是佛教的，而顯然受到儒教的影響。

因爲佛教用忌字，但從喪禮說到祭禮等儀禮時就很不一致，不知從死靈昇化爲祖靈又當如何呢？

所謂祖先崇拜，即是祭祀祖宗，而所謂年忌、盂蘭盆會，或施餓鬼法會等，都屬於祖先的祭典，而不在信仰死靈，完全屬於祖先崇拜的範圍。

這麼說來，從死靈昇化爲祖靈到底該在何時呢？至少要從七七四十九天的中有生活開始，拖到投生下次善處時，也就是從那時以後的事了。

這就是服滿，忌事結束而恢復平常生活，情況完全跟儒教的卒哭完畢，等於祔祭的時候。

但是，佛教與儒教間的差異是，祔祭即死靈變成祖靈，放在宗廟裡跟列宗列祖並肩而坐，很明顯成了祖宗之神，但依佛教來說，這一點非常不妙，無法明白確定。

儒教認爲任何人死了，不論死者是誰，反正他（她）的死靈都能成爲祖靈之神，但佛教卻不見得這樣看了，在中有裡徬徨的死靈，不論他（她）是誰，反正四十九天的忌事結束，能不能都成佛被人叩拜呢？顯然不會的。

到底祖先祭祀，或祖先崇拜的對象，全都一定能成神與成佛嗎？不能成佛的話，在六道輪迴的靈魂會怎麼樣呢？

誠如上述，佛教透過十王信仰，如在『地藏十王經』所說，四十九天結束以後，直到百日，一年和三年，也就是圓滿兩年以前都置身於中有，三回忌結束才認定功德圓滿，眞正服完喪事了。

這是做效儒教的小祥和大祥，才叫做小祥忌與大祥忌，倘若連這些都還沒有做完，死靈也仍舊不能決定生處。

即使有這種七七四十九天的中有思想，後來繼續發展，有人以爲三回忌以前都屬於中有，生處不一定在善處的淨土，或人間、天上，倘若有許多亡靈淪入三惡道的話，那麼，中有就告結束，服滿後的靈魂才因人而異，各有不同的下場或去處。

地獄的罪人、餓鬼道、貓狗等畜生道、修羅道和原來的人間，以及天上界等都屬於六道的迷惑世界，那些亡靈照理都會投生到其中一道去。若能從中有投生到淨土的亡靈，必得有世間更好的妻子親人替他（她）加強追善供養。諸如此事，依佛教看來，幾乎是無法想像的。

佛教認爲極善就到淨土，極惡就得下地獄，而中間就要在中有世界，而這個中有世界只有依靠娑婆世間的遺族親屬來追善和供養，才能決定生處的善惡或好壞。

然而，東晉的帛尸梨蜜多羅譯『佛說灌頂經』第十一卷『隨願往生十方淨土經』上說，上述那種追善功德只有七分之一才能迴向給中有那個亡靈，而七分之六反而讓活的人們受用。所以，人們必須在有生之年累積善根。

誠如上述，祖宗祭典在佛教有三回忌以後的年忌或月忌等佛事，而盂蘭盆會或施餓鬼法會等祖先之靈，統統叫做祖靈，而不叫做死靈或亡靈。然而，這群祖先之靈可不見得統統都在淨土裡。

不論如何，反正佛教的喪禮與祭祀之別，可不像儒教那樣整齊劃一，還有由死靈到祖靈也不似儒教那樣清楚。

十、祖宗的祭祀

所謂先祖或祖先的用法雖然相同，意思也一樣，但如從上述那些喪祭儀禮來說，喪禮的凶祭結束，就要舉行吉禮象徵的祭典，宗廟諸神都是先祖或祖先。如依佛教來說，盂蘭盆會的對象統統都是祖宗。從自己的父母親逐漸往上追溯，便會追蹤到始祖了。

當然，佛教也提到祖先的祭祀，但那不只祭拜自己的列宗列祖而已，在法會上所有萬靈祖先也都一齊接受祭祀。所以，這跟儒教可不完全相同。

(一)、儒教的宗廟祭祀

儒教所謂宗廟祭祀，就是祭拜祖宗或祖先的祭典。這麼說來，宗廟又是什麼呢？所謂宗廟者，就是祭祀祖宗靈魂，而取名爲廟者。『說文』上說，宗是「尊崇祖廟」，而廟是「尊崇祖先之貌」，這正是宗廟的內涵。

換句話說，宗是尊崇，而廟爲貌也。所以不妨這樣下定義：「祖先形貌存在之處，叫做宗廟。」所謂形貌者，可不是肉體性的形貌，宗廟純粹是祭祀靈魂，但祭拜靈魂要用對待活人那種態度，便算形貌的了。

莊子說：「宗廟是尊敬祖先。」孝經也提到「敬奉宗廟，就是不忘祖先」。可見宗廟的祭祀正是孝子必須做的事，也不妨稱為義務。

這種宗廟是上自天子，下到士人，由於身份不同，也影響到祭祀方式的差異，這一點當然不在話下。所以，有人不叫宗廟，而乾脆稱它家廟，例如士以下的百姓祭拜祖先。諸如這些老百姓祭拜家廟的記載，幾乎沒有什麼歷史文獻留存下來。

我現在要依據諸橋轍次著『支那的家族制』宗廟篇，做一番概要性說明。

如果談到宗廟制度，便知它由太祖廟與昭穆廟組成的。之後，宗廟必定要放著木主。太祖以後的木主安放在各個廟裡。木主就是神主、佛教的牌位，那是祖宗的依皈，故有祖先的神附著，後代子孫要很愼重地，彷佛侍候活的人一般，畢恭畢敬地侍候。

太祖廟就是指始祖，那麼，昭穆又是指誰呢？他們指二祖、三祖、四祖，並將彼此的廟分開，取名爲昭與穆。

若依照天子是七廟，諸侯是五廟等制度的話，身爲始祖的太祖要在中央，左右爲昭穆各有三廟，合計六廟，加上太祖廟，才能完成天子七廟。

那麼，爲什麼取名爲昭穆，又有沒有做過分類和整理呢？其實，昭就是清楚、明亮之處等意思，因爲中央的太祖廟左邊那座廟向南，故取名爲昭，爲了有個對應，那座相對存在的穆廟便向北，稍微陰暗一些，便叫做穆了。我不妨做一番這樣的說明。

不論如何，反正在太祖之後的第二代叫做昭。第三代叫做穆，第四代叫做昭，第五代叫做穆，第六代叫做昭，第七代叫做穆，就這樣才能成立天子七廟。

但這樣會出現一個問題：如果七廟以外沒有廟時，延續到十代或二十代的天子，諸侯或士的昭穆要怎麼辦呢？該放在哪座廟一齊來祭祀呢？

這決不能跟祖宗之神一齊放在一座廟裡，因爲原則上一座廟屬於一位神。所以，這些不夠的部份應該怎麼辦呢？這一來，便採取一種叫做祧的方式了。

那就是廟以外再設置兩個房間，取名爲世室。即昭室與穆室，依序將古代的木主安置在這兩間世室裡。昭的木主當然安放在昭室。穆的木主就放在穆室了，依序出現新的世代木主就能紛紛被安置在昭穆廟而得到子孫的祭祀。

凡被安放在世室的木主，都叫做群昭和群穆，舉行宗廟祭典那種祫祭時，所有木主包括世室的群昭、群穆都能放在太祖廟內得到後代子孫的祭拜。

又在宗廟設有廟與寢兩種。包括太祖及其以後二代、三代的昭穆廟，後面都設置各個寢殿。

廟是祭神的場所，而後面的寢殿乃是儲存神的衣冠之處。所以，談到七廟時，意謂殿舍就是廟與寢的組合，有十四個之多。

婦人廟

在中國的儒教社會裡，家族制度有一件重大的事情，凡能在廟裡得到祭拜者，只限於男人戶主——代表世代，而其他人無法加入。更何況在男尊女卑的世界，大家根本無法想像女人能被放在廟裡受人供祭。

周太祖的母親放在姜嫄廟，算是最先打破上述的制度，敢在宗廟內大大方方設置婦人之廟。這完全屬於一項特殊例子，所以得到准許的理由不妨簡述於下：

雖然婦女沒有自己的廟，只能被放在丈夫的廟裡得到子孫一齊祭拜，但周始祖后稷的母親叫做姜嫄，她其實沒有丈夫，與上天感應之後才生下后稷，所謂未婚媽媽是也。所以，后稷不像普通人那樣屬於人類之子，才能被稱爲感生帝。

這一來，姜嫄自然無法被安置在丈夫的廟裡得到祭拜了，況且她是周室始祖后稷的母親，地位非同小可，算是不同凡響的女人，才得設置一座姜嫄廟——當然也屬於宗廟之一。

在中國家族制度下，像這種女性能跟宗主一樣在宗廟中得到祭祀，誠然是大事一椿，非同小可。

宗廟祭祀的種別——

祖宗祭祀即是宗廟祭祀，到底在何時，又是怎樣一種祭祀呢？不妨簡略說明於下。

先說它有正祭與告祭兩種。正祭又分成大祭與時祭，而大祭有禘與祫，時祭有祠、禴、嘗和烝。又有跟大祭同名的祫祭，有時也舉行時祭。

這一來，宗廟祭祀方面的正祭，計有兩次大祭和四次時祭，共有六次之多。禘祭每五年舉行一次，而祫祭則每三年舉辦一次：時祭在每年春夏秋冬都舉行一次。

由此可見每年舉行的祭祀有春的祠祭、夏的禴祭、秋的嘗祭和冬的烝祭，另外是第五年禘祭，和第三年的祫祭。

所以，正祭是每年四次，和經常的禘與祫，就等於五次了，有時也會舉辦六次。

那麼，每年都舉辦的春祭、夏祭、秋祭、冬祭等又是一種怎樣的祭典呢？首先是祭祀各種由於文獻記載不同而有些差異，至於哪個才對就成了問題，還有春夏的祭名相反，麻煩問題層出不窮，頗讓後代的學者們苦惱。不論如何，那些是兩千多年前的夏、商、周等古代中國的禮法，而很難圓滿的。

而今的四季祭名是依據『詩經』和『周禮』而來的，例如『禮記』上說，四祭是禘、礿、嘗和烝，而春祭的祠是禘，夏祭的禴是礿。

這些『禮記』上的祭名恐怕早在夏、商朝時代就已經取好了，到了周朝才得以興革。例如春祭的禘祭成為祠祭，夏祭的礿祭成了禴祭。

那麼，有人問四季的祭名有什麼意義呢？為什麼要取這樣的名稱呢？請讀皇侃的說法，被引用在『禮記』的疏上：

「礿是薄，因為春季的萬物沒有收穫，祭典時　物就很鮮薄了。

禘是次第，夏天即使農作物沒有收穫，有時要看情狀而必須祭祀，才叫做禘。

嘗是新穀充實，必須嘗試的時節。

烝是衆。到了冬季，萬物成熟，故取此名。」

當時的學者懷疑這些祭名到底具有什麼理由呢？也許有人意外地想出來了，也許有人以爲有很困難的理由。但依照皇侃的觀點也不失爲一項概略解釋，讓人不難理解。

由此看來，天子的時祭一年舉辦四次，那就是春、夏、秋、冬等祭典，此外除了春天，都會選在夏、秋、冬三次追加祫祭。這一來，每年的祭祀就共有七次了。

所謂祫祭，不妨看祫字，它就是合的意思，舉行此項祭典時，群廟之主統統被搬到太祖廟去，方便子孫在那裡一齊祭拜。

但每隔三年舉行一次大祭那種祫，跟現在所謂時祭那種祫有什麼不同嗎？

上述時祭那種「祫」只許群廟之主搬到太祖廟去一齊祭拜。反之，每三年舉辦一次大祭那種祫，不僅祭拜群廟之主，而且將一切木主都搬到太祖廟去共同祭拜。

大祭的禘與祫——

大祭有禘祭和祫祭兩種，禘是每五年一次，而祫是每三年一次。禘祭的禘字，意謂很明顯，但什麼東西很明顯呢？這一點有許多不同意見，如果解作神的德行很顯著，不就是很恰當嗎？

這項禘祭跟祫祭一樣，雖然也把一切群廟之主搬到太祖廟去合祭，但禘祭比祫祭更多，更廣，意指所看的廟主或其他都在一齊祭祀，顯然比祫祭的規模要大，而這也是兩者的差別所在。但禘祭每五年辦一次、祫祭每三年才辦一次。

告祭——

上述諸項祭祀都是正祭，規定要定期舉行。每年舉辦七次的時祭，和第五年、第三年才舉辦的大祭，都是按照國家規定的祭典。

但是，有一種跟正祭相反的是告祭，即是臨時祭祀，或不定期的祭典。換句話說，若臨時發生什麼非常重大的事故，就要報告祖宗，祈求保祐與加被時，突然在宗廟舉行的祭典，叫做告祭。

例如突然發生戰爭，或君主即位，以及其他嚴重事件都要舉行告祭。

㈡、佛教的祖先祭祀

一提到佛教的祖宗祭祀，大家會立刻想到七月十五日的盂蘭盆會。這項盂蘭盆會在中國佛教裡早已深入民間，算是一年間最重大的行事了。

僅次於盂蘭盆會者，就是忌日的法會，算是一次祭拜祖宗的佛事。一般佛教徒在父母親的忌日會聘請僧衆來誦經，至於祭祖先這項行事，出在唐朝以後。

至於其他臨時性的施鬼法會，或齋會等，也是在重視孝道的社會中跟儒教融合的佛教界的盛事。

盂蘭盆會的盛行——

盂蘭盆會存在中國社會早自三國時代便開始了，尤其到了南北朝和隋唐時代最盛行，目連救母的故事在重視孝行的中國社會非常適合，尤其以『目連救母變文』最流行，例如在戲劇表演中滲透到民間，膾炙人口，無疑受到那部『盂蘭盆經』的影響最大。

『盂蘭盆經』目前被收集在『大正大藏經』第十六卷裡，乃是一部僅有七百字左右的短經。雖說是西晉竺法護的譯筆，奈因非常靠不住，許多經典目錄都沒有譯，到了唐代才把它當作竺法護的譯作。有人懷疑它很可能是中國人自己寫的佛經之一。

不論如何，反正這部經似乎早就在中國社會暢通無阻，中國佛教徒也耳熟能詳。七月十五日那天的盂蘭盆佛事盛行於南北朝，非常符合中國人崇拜祖宗的思想，故極受廣大群衆的歡迎。

它不但屬於中國寺廟的行事之一，甚至也盛行在一般民間，每年都會舉行。尤其，它剛好跟道教的中元節同一天，難怪有人把盂蘭盆日叫做中元節，致使這項盛事更加熱鬧，也更爲流行了。

總之，這項盂蘭盆會所以盛行的原因，不外由於目連的孝行，爲其巡視地獄帶來一套曲折內容，最後形成『目連變文』，在深受大家歡迎之餘，才會使盂蘭盆會日久不衰，每年不斷。

那麼，我不妨再來研究一下這部經典的內容。它的梗概是，因爲目連的母親生前存有邪見，不懂布施，死後便淪入餓鬼道了。

目連住在釋尊的教團修行，某日，他靠神通獲悉母親正在餓鬼道受苦。吃驚之餘，馬上準備些食物送給母親。不料，他的母親剛要呑食時，食物馬上變成一團猛火燃燒他的母親，致使她從此受盡更大的苦楚。

尤其糟糕的是，目連的神通力完全派不上用場，他趕緊去央求釋尊。怎樣才能救助母親呢?釋尊說：

「即使是佛菩薩也無能爲力，因爲自己所造諸惡業，全都要由自己承受，任誰也幫不上忙。

雖然，你的孝順足以感動天地，然而天神、地神，甚至連四天王也愛莫能助，可見你母親的罪根有多深哩！

只有一種救度方法是，依靠十方僧衆的威力，此外別無他途可尋。七月十五日正好是十方僧衆放縱的日子。

在這一天，可向十方大德與僧衆提供佳味飲食、香油、座具和臥具，將它放在盆裡來供養他們。」

目連果然遵照釋尊的指示，在七月十五那天供養了十方僧衆，但在那群僧人裡，除了聲聞、緣覺，也有十地菩薩位的人。在他們的咒願之下，也進行了禪定，之後才開始飲食。

由於這群僧人的功德，才使目連的母親免於餓鬼的災難。這部經又繼續說：

「這時候，目連又請教佛陀說：『我的母親，果然在三寶的功德力和衆僧的神威力下得救了。將來世世代代的佛弟子要行孝時，遵照這種盂蘭盆方法來供養，除了現在的父母親外，包括過去七世的父母親也照樣能得救嗎？』

佛陀說：『善哉、善哉！你問得很好，我現在就來說給你聽吧。如有比丘、比丘尼、國王太子、大臣宰相、三公百官、萬民庶民和所有實踐孝慈的人，若爲了現在父母，以及過去七世的父母，肯在七月十五日那天僧衆放縱日，將百味飲食放在盆裡供養十方自恣僧，並祈求現在父母都能長壽百歲，沒有一切苦惱。

還有過去七世的父母都能免於餓鬼之苦，投生天上界，享受最大福樂。』」

這樣看來，一切衆生不論出身什麼階級，只要肯舉行七月十五日的盂蘭盆，供養佛和僧衆的話，就能報答父母親長養慈愛的恩情，這正是『盂蘭盆經』的內容。

這是目連孝養的典型故事，不但爲了救度父母，也能拯救過去七世的父母和列祖列宗，眞正屬於祖先的祭祀，也算是盂蘭盆的佛事。

不僅如此，也不但能救度未來與過去的父母，同時可讓現在的父母長命百歲，無疾無憂，免除所有憂愁，而享受非常福樂的生活。因爲能夠受用實際的幸福，才有如此巨大的吸引力感人肺腑，但也別忘了它深受道教的影響。

但是，這部經跟另一部中國人寫的『父母恩重經』一樣，以佛教孝道經典的身份跟儒教的孝經遙遙相對，但也符合儒教的孝順思想，努力使佛教愈來愈平民化了。

還有一部『佛說淨土盂蘭盆經』也跟盂蘭經取同樣名稱，在敦煌文書裡被人發現，它的原文刊載在岩本裕著『目連傳說與盂蘭盆』一書上。內容以目連救母的故事爲中心，又像以『大盆淨土經』的名稱留傳下去。

不過，這部『淨土盂蘭盆經』曾被唐代的宗密（七八〇～八四一）引用在『盂蘭盆經疏』上面，好像老早以前就有的東西，還有道宣那本『大唐內典錄』（六六四）裡也有『淨土盂蘭盆經』的名稱，所以不妨看作以前早已存在的東西。

不論如何，一提到目連救母，就深受社會廣大民衆的喜愛，因爲社會以孝道爲道德骨幹，佛敎遠比儒敎更主張孝的德行，積極在這方面盡心竭力，不惜挑選目連救母的故事，而寫成『目連變文』與『目連救母變文』，這是可想而知的。

『目連救母變文』的流行——

所謂變文這種東西，看來是唐代開始當作僧衆的敎化資料而盛行起來。這種變文也叫做俗文，讓經典變成通俗語文，用廣大民衆容易懂的語文將經典通俗化起來，所謂俗講之類的講座就是這種性質。其實，不僅俗話講座而已，連後來各種場所都用它當作敎化民衆的敎本了。

這種作業頗爲繁重和艱辛，從『華嚴經』、『法華經』的『變文』，到『維摩經』、『阿彌陀經』的變文，加上釋尊傳記方面有『八相變文』、『太子變文』、『降魔變文』等都是同出一轍，甚至也出現『父母恩重經變文』、『盂蘭盆經』的變文等等。

這部『盂蘭盆經的變文』依照內容而命名，故用『目連變文』之名問世，殊不知這部『目連變文』遠比其他任何變文都要有魅力，它在敦煌文書中一定居高不下。

這些題名從『目連變文』起到『大目乾連冥間救母變文』等，名稱形形色色，不論長短或繁簡也都不相同，爲數多達十幾種。那麼，這部『目連變文』怎樣深入民間和打動民心呢？這可由故事的流行看得出來。

至少這則故事可以看到目連的誠實孝順，且恐怖地前往一個陌生的地獄世界，如果自己一不小心，也許也非下地獄不可，戰戰兢兢之餘，才會這樣如醉如痴地傾聽也說不定，而這也許是一般人的心態。

還有在這部變文裡也描寫些變相圖。所謂地獄變相圖。一面懸掛這幅地獄圖，一面繪畫和舉行，便是變文的情狀。它也可說是今天連環圖畫的始祖。

這則目連變文不僅提到怎樣救度母親，也在描述下地獄一趟的詳情。

這種地獄見聞與巡視，可以說幾乎跟上述那部『地藏十王經』的圖畫一樣，世人把它跟道教的大山信仰，即是泰山的陰間與十王信仰混淆了。這則目連變文跟地獄變相圖一樣，對於中國廣大民衆來說，無疑是一項想剪也剪不斷的精神生活要素。

這是從盂蘭盆的祖先祭祀衍生出來的一種中國佛教與民衆之間的現實風貌。

忌日的法會

忌日的佛事是父祖死亡日那個月份，即是日本今天所舉行的祥月命日。每年一次，在那個月的那一天當作父祖的忌日，請和尚來誦經，表現功德的追善。

因爲這種忌日的事情也存在古代儒教的行事裡，雖在宗廟的祭祀之際，不曾談到這方面的問題，我不妨再補述一番。『禮記』的「祭義篇」上說：

「在父祖忌日那天，絕對不能做其他事情，那倒不是這天看作不吉祥，嫌棄忌諱、不能做事，而是要非常認眞地懷念親人，追思他（她）們的志業，才不敢做其他的任何事。」

忌日就是回憶和追思父祖的日子，故在忌日祭祀父祖。同一本書的「祭義篇」提到文王的祭典說：

「忌日一定要哀傷、稱諱，彷彿見到親人。」

可知儒教認爲忌日必須祭拜祖先。那麼，這項祭典要在宗廟裡怎樣進行呢？恐怕每年都會定期舉辦，故屬於正祭，但不算大祭，而是一種時祭。

在這個忌日的行事裡，佛教也不會置身事外。唐代歷帝的忌日那天，有所謂國忌行香的佛事，便是最好的例證。

請看『大唐六典』卷四上說：

「大凡國忌日都是定在兩京（長安與洛陽）的大觀大寺的二寺觀舉辦齋會。有一大群道士、女冠、僧尼都來參加這次齋會。京城文武五品以上、淸官七品以上統統要參與。行香後退出。倘若在外州，各自定在一觀一寺，舉辦齋會。州縣的官吏要行香。

必須擺設齋會的州，全國計有八十一州。」

只有兩處京城規定爲了道教的寺，和佛教的寺爲兩觀兩寺，而各州規定爲一觀一寺，在那裡擺設國忌日的齋會。舉行天子以下的祖先祭典。官吏都要來參加，並有行香的義務，不能等閒視之。

所謂國忌者，就是唐朝祖先的祭祀日，依照『大唐六典』記載：

「高祖神堯皇帝　五月六日

文穆皇后　五月一日

大宗文武聖皇帝　五月二十六日

文德聖皇后	六月二十一日
高宗天皇大帝	十二月四日
大聖天后	十一月二十六日
中宗孝和皇帝	六月二日
和思皇后	四月七日
睿宗大聖眞皇帝	六月十日
昭成皇后	正月二日

皆廢務。

大凡廢務之忌，如中宗以上，京城行道七日，外州行道三日。睿宗及昭成皇后的忌日，京城行道二七十四日，外州行道七日。」

即使在祖宗的天子忌日也不能大意，父母的忌日更要謹重舉行。至於更久遠以前的祖宗忌典比這簡略些。縱使停辦，也還有行道七天的法會，和行道十四天法會等厚薄不同者。

至於更久遠的祖先忌日，也不會停辦，但只在京城擺設行道齋會一天而已。這種不停辦，但只行道一天的忌日狀況，依據『大唐六典』記載：

「八代祖獻祖宣皇帝　十二月二十三日
宣莊皇后　六月三日
七代祖懿祖光皇帝　九月八日
光懿皇后　八月九日
皆不廢務也。
六代祖太祖景皇帝　九月十八日
景烈皇后　五月六日
五代祖代祖元皇帝　四月二十四日
元貞皇后　三月六日
孝敬皇帝　四月二十日
哀皇后　十二月二十日
皆不廢務，在京城設齋一天。」

雖是依據佛教規矩的祖先祭祀，以前七世、八世的祖宗忌日也不停辦，佛事亦似乎不廢止。五世、六世以下雖然不廢除，但在京城的寺廟觀院只有設齋一天。

這顯示國忌性質，屬於國家的行事，當然，在私人性的皇帝家屬裡，碰到祖宗的祭典也會另請僧衆來誦經齋會。

這種場面在中國社會有它不尋常的意義，唐朝跟道教的教祖都姓李，屬於同姓家族，自然特別優待道教，在所有齋會也跟僧尼一樣招待道士女冠。

這種慣例不僅宮庭如此，在中國直到近代也深入一般民衆，同樣會招待僧道兩衆。難怪有人說中國是佛道混淆不清的宗教社會。

佛祖的忌齋——

上述唐代的國忌日會設齋款待僧尼道士，而佛教祖師和忌日也會舉辦齋會，當然不在話下。

宋朝出版的『佛祖統記』卷三十三上面設有佛祖忌齋的項目，釋尊入滅日在二月十五日叫做佛忌，在各家寺廟必定會修供設禮來紀念。

接著天台祖師——南岳禪師的忌日在六月二十二日、智者禪師的忌日是十一月二十四日、章安禪師在八月七日、法華禪師在十一月二十八日、左溪禪師在九月十九日，荆溪禪師在二月五日、螺溪禪師在十一月四日、寶雲法師在十月二十一日、法智法師在元月五日、慈雲法師在十月十日、神照法師在五月十八日，上列都是宋朝以前諸位天台祖師的忌日。因爲『佛祖統記』一書的作者志磐出身天台系。所以就以天台法門爲中心，而列舉出許多天台高僧。

但後來列舉淨土系的祖師，如廬山法師的忌日在十月五日、禪宗的達摩禪師在十月五日、律宗的南山律師在十月三日、大智律師在九月一日。

不消說，每逢這些忌日都會在各寺廟擺設供物和齋會。今舉一件實例來說，有一位慈覺大師圓仁到過唐朝，雲遊各地，在他寫的『入唐求法巡禮行記』卷一上記述自己也曾參與天台智者大師的忌日法會。

由此看來，圓仁提到自己由於在開成三年十一月十九日，參加天台大師二十四日的忌會設齋，始知有絹四匹、綾三匹贈給開元寺，留學僧得到絹兩疋，請益僧得到絹兩疋，而將三匹綾贈給揚州開元寺。

有關天台忌在二十四日那天的齋會，他詳細提到當時法會的順序與傳法等。因爲有僧衆六十餘人參加那天的忌日齋會，的確說得上陣容龐大，熱鬧非凡。

由此可見佛教的忌日法會非常嚴肅、莊嚴壯觀。至於上述那種國忌的行道齋也不難想像了。幸賴圓仁參加國忌日，也詳細報告揚州開元寺十二月八日那天的國忌設齋狀況，才能讓後人知道唐代的國忌法會有諸多情景，這實在要感謝圓仁。

雖然關於設齋的詳細狀況省略了，但是，他栩栩如生地描寫五百位僧衆一同行道，以王公國戚、文武官員爲首，率領州府官吏，以及將校軍人都來參與設齋，致使法會的嚴肅莊嚴，和十分熱鬧的情形都呈現在讀者眼前了。

這樣看來，祖先的忌日法會對於國家也好，各間佛教寺廟也罷，都很嚴謹在舉行，絲毫不敢停辦或等閒，還有各個士大夫和老百姓家庭也不例外，都習慣在父祖忌日設齋，並請僧人誦經追善，到了宋朝時，忌日爲了誦經的需求，許多寺廟出現一群赴應僧人，當然都是僧尼兩衆了。

日本也有忌日法會，尤其三回忌以後，設有七回忌、十三回忌、十七回忌、二十五回忌、三十三回忌，這叫做年忌，並會舉辦佛事，但在中國就不一樣了，他們在三回忌的大祥忌以後，沒有年忌，好像只有舉行忌日法會而已。

那是依據佛教而來的祖先祭祀——盂蘭盆會與忌日法會的情景。

十一、祭祖先的意義

有關上述祖先祭祀的情形，只要仔細一想它的目的或旨趣，便不難發現儒教與佛教之間有很大的差異，那麼，我們就先從儒教的立場來看看：

追孝與祖宗祭祀

追孝性質的祖宗祭祀，出發點在孝道。中國社會是一個孝的社會、孝的文化，其所以如此，原因出在儒教。

在中國，儒教無異一種國教性的絕對哲學和思想，甚至是一種實踐，而今這樣說也仍不會言過其實。

儒教的實踐倫理完全在闡述孝的內涵。惟有孝才是儒教的核心與根本。所以，孝順在中國社會被看作惟一和絕對的眞理，以致誰若敢斥責父母，就會被割掉舌頭；誰若敢毆打父母，就會被砍斷雙手，幾乎嚴格到要擬定這種法律的程序了。

『孝經』正是解說這種孝道的經典：在中國政治上也把『孝經』當作官場考試的

首要科目。

在國家編輯的正史中，特設一章孝子傳，而孝子的名字直到千年後仍被人稱頌不絕，每一村都建有孝子牌坊來表彰此人此事。甚至出身村名也被別人用來當作孝子村。此外還能免除最苛酷的稅捐，本人或親屬得到優待不在話下，甚至連全村也能沾到到光彩。

在這種社會裡，父祖的祭典正是死後的孝行。侍候死去的人完全像侍候他（她）們活的時候一般，不算死後的孝順態度。

『儀禮』這部古典著作敘述「禮」的時候，在全書十七篇裡，從第一篇起到第六篇都說明死後的喪祭作法，『禮記』這本古典，有一半在討論有關喪服和祭祀的制度，尤其，其中的特效性、祭法、祭義和祭統等四篇，都是關於祭祀的一切記錄。『孝經』這本古書有十八章，最後一章是「喪親章」，其間指出祖宗的祭典在中國社會無異是孝子們的義務。

那麼，祖宗祭祀的目的或旨趣是什麼呢?就是要成就孝行，『禮記』上說的「報本反始」也。報答起源、反哺原始，也意謂要報答祖先的恩惠。

不過，這只是原則或方針而已，詳情還不只這樣。除了儒教的正統性解釋以外，一般百姓的祭祀除了「報本反始」，還祈求祖宗加被，讓後代子子孫孫都能幸福。形形色色的供祭物品，和謹重的祀祭作法，無非都是想得到這些幸福的手段罷了，依我看，這樣一點兒也不過份。

當然，只留下若干原始信仰之類的名份，其實也不會畏懼亡靈，爲了能平息怨恨與瞋怒而祭拜的因素，也不能說完全沒有才對。

不論出自以上那一種原因，反正祭拜祖先的場面，即是親族一齊和睦的場面，更是組織家族制度樞軸的東西，這樣說應該無可置疑。

佛教的追善供養

既然這樣，那麼，佛教對於祖宗祭拜又有哪些作法呢?不論忌日法會也好，盂蘭盆也罷，反正跟儒教一樣，一定都是孝子們理所當然的追孝行事，但就某方面來說，也有些跟儒教大異其趣了。

那就是追善、追福的祭祀了。

追根究柢，佛教就像目連救母，或死後做七七齋一樣，諸如此類的佛事都是爲了給死者行善，面對死者的靈魂，讓生者得以迴向善根功德，而這才是死後的佛事與祭祀。

儒教或一般祭拜的旨趣，無非想得到祖靈的庇祐，而佛教完全相反，只想送功德給亡靈祖靈，讓死者的靈魂早日脫離苦海，縱使有些祖靈不在苦海，投生樂處，也仍願他（她）們得到更多福樂。

佛教認為生者可將幸福送給死者之靈，而儒教主張祖靈會讓生者幸福，雙方的立場相反才是儒教與佛教的差異。

但這裡出現一個問題，佛教始終都談到因果律，世界依據因果法則在運作。所以，佛教始終都主張因果自負，或自作自受，而不同意他因自果。

既然如此，那麼，苦海飄浮的亡靈，正是自食惡果，完全承受自己生前的罪業報應，屬於理所當然的事，但若娑婆世間的妻兒親屬能靠七七齋、忌日法會來迴向功德，就能消除亡靈的罪業，這一來，豈非完全違反佛教的旨趣，也否定自作自受的因果原理嗎？那麼，這要怎麼解說呢？

預修七齋就是從這種矛盾裡，希望自己修行佛事、多積功德，而遵照自食果報的原理，無如，追善的行為委實不是佛教的性質，以致遭人批判，無疑是一點兒也不意外。

既然這樣，我們就聽聽諸位大德的高見，看他們怎樣解決這項矛盾。

唐廟的道世曾在『法苑珠林』卷六「祭祠篇」上說。

「子女修行善法，來治療父親的不善，靠子女的修善，使父親免於墜入三惡道的論點是不對的。

爲什麼呢？原來身、口、意的業，每個人不一樣。倘若父親死後墜入餓鬼道時，子女若要替他做善事，那麼，父親可得這份追福。如果父親往生去天上時，那所有人物都無法思念。原因何在呢？因爲天上界是由殊勝之寶所成就的。如果正在地獄受苦的人，也因爲無暇思念，所以得不到子女的追善。至於畜生或人世之中也一樣不會例外。」

顯然，只有餓鬼道才可能得救，除了這個以外，出生到其他道的人都不可能得到追福追善了。

那麼，爲什麼只有餓鬼道的亡靈才可能得救呢？道世在同一本書裡繼續說：

「爲什麼只有餓鬼才能得到追福呢？根本上，他（她）們就是由於貧婪、染愛和慳吝，才會淪入餓鬼道。既然成了餓鬼，就一直懊悔當初，而希望得福，這樣思念不已，所以能夠得到遺族的追福。」

顯然，道世說因爲亡靈在餓鬼道不時懺悔自己生前的罪業，就念念不忘要得到福報，所以，子女的追善行爲才能讓亡靈得到受用。

若要連貫自負因果的法則，雖很難自圓其說，不過，追善就這樣地被世人接受下來了。

但話又要說回來，這種追善的功德也不能讓亡靈全部如願得到，他(她)只能得到全部的七分之一而已。道世在該書裡曾引用『隨願淨土往生經』的話說：「死後造福德，死者僅得七分之一，其餘都屬於現世做那些追善的人。」

由此可見追福只能限於餓鬼道的亡靈受用，其他五道的衆生由於沒有思念的餘暇才得不到。其實，餓鬼也僅得七分之一的追福，七分之六屬於實踐追福的活人。

若說人類會得不到追福的報償，未免有些奇怪，六道輪迴的亡靈只有餓鬼能得到受用，因爲重點放在餓鬼身上，但曾幾何時提到「畜生與人世」一樣，這個問題是人類爲主角，也是追福的實行者。難道投生人道的亡靈，跟別人之間有什麼差別嗎？這段文章有些過分之處，務必要注意。

也許理論上如此。實際上世人相信追福的報償不限於餓鬼道才能受用，連地獄的罪人也能得救。

例如，唐朝有一位善無畏所譯出的經典都被收集在『大正藏經』裡，其中有三種破地獄文都提到陀羅尼。若用眞言的咒文，照樣能消除地獄的業障，脫離地獄，轉到善處去。

淨土敎的稱名念佛也具有如此神力。又有靠梵鐘之音脫離地獄苦惱的例子，證明其他所有善根功德都能救助地獄裡受盡苦難的無數衆生。

利用盂蘭盆會祭拜祖先的功德，據說第二天便能掀開地獄的釜蓋，這也算其中一例吧!?

由此看來，佛敎的祭祀，原則上終究主張追善的行爲。但在中國佛敎裡除了承認孝行的追福以外，仍然希望得到祖靈的神力加被。不但想要救助在惡道的亡靈或祖靈，也希望安慰和娛樂在樂處與淨土的祖先，竭盡飲水思源，表示反哺恩情。

不妨讀一下『百丈清規』的齋會迴向文，可知神靈也能得到快樂，但也多半想要報恩，祈求保祐的意思。

祖靈與所有萬靈

上述祖先祭祀裡，儒敎與佛敎都在根本上有一項差別存在，那就是被祭拜的對象神這個問題。

在儒教的社會，一切自始至終都在家族制度下，所以，祖先祭祀若稱作先祖之神，那就指直系的父祖，其他人不能加入。因爲從頭到尾都屬於血統性和長子的男系相續，所以使先祖中的其他人沒有插足餘地。

但依佛教來說，因爲一切衆生都有六道輪迴，所以不論親子都一樣，即使提到祖先祭祀，除了自家祖先以外，必定設有一切萬靈的牌位，連一切萬靈都能得到祭祀。

若依儒教看來，這一點根本不算祖先的祭祀了。

請看佛教的迴向文上說：

「只願以這項功德平等施予一切衆生，讓他（她）們都能同樣發起菩提心，得以往安樂國。」

這樣表明要平等地施予一切亡靈，不僅迴向給特定的人。還有中國從六朝以來就盛行造作石佛等造像，其間必定會從皇帝陛下開始，到七世父母、師僧，以及所有法界衆生，希望這份功德迴向他（她）們以外，也能造福現在所有的人們。

由此可知佛教的祭祀，若從儒教的立場來說，恐怕不算祖先祭祀才對。但願大家一定要注意佛教與儒教有這方面的根本差異。

十二、結論

以上所論究的問題是，有關儒教與佛教對於死亡學，從天子到百姓，無一能夠倖免的死，以及關於這方面的一切行事，例如葬祭、喪祭和祖先崇拜等問題。

雖然說是儒教，殊不知它的內容不乏中國古代的周朝禮法，出自『儀禮』或『禮記』的東西，而這些被人稱爲理想，是不是眞能實踐也很靠不住，到了後代也以這個爲理想或依據，果眞能夠在現實上實行到什麼程度?正是我以後要研究的問題。

但依我看來，倒不重視這些文獻，縱使包括天子在內的祖先崇拜方面，所謂宗朝那種天子、諸侯、大夫、士人等上層階級，都不是士大夫那些統治階級的祖先祭祀，或宗廟，我想了解以家廟爲中心那群被統治階級的老百姓的祖先祭，雖然他們的文獻很少，尤其像這樣民俗學、宗教學性的東西，幾乎可說絕無僅有，簡直沒有辦法。

如果說儒教不屬於老百姓的，而是士大夫的東西，那麼，一提到儒教的祖先祭祀，也當然屬於士大夫的祭祀，所以，庶民祭祀在儒教裡也許實際上不可能得到。

因此，儒教實際上變成庶民的東西，無疑在儒、佛、道三教融合一起的時候，儒教這種東西在庶民身上不可能找得到，無疑是它自己的原則或特性。所以，像『玉歷寶鈔』這種書是庶民信仰最重要的書籍，它至少不是純粹的佛教，亦非道教，更不是儒教，完全是一本三教融合而寫的善書。

僅就這一點來說，佛教至少主張一切衆生都很平等，連爲天子也要去地獄，這跟身份高低無關，也不論貧富貴賤，而是以普天下所有人爲對象，即使在祖先祭祀方面，或庶民方面，也都要一同舉行盂蘭會，連忌日也一樣一同舉行，完全沒有身份高低與貧賤之分。

上述葬祭儀禮與祖先崇拜的行事方面，儒教與佛教固然在某一點能夠立場相同，但我們要注意到儒教絕對不會站在庶民的立場，也就是儒教不可能站在被統治階級的立場，反而不時從統治者，尤其從天子諸侯的立場來談問題，而這是佛教與儒教的極大差別。

總之，『儀禮』或『禮記』等禮法可不是庶民的東西。所以，對我個人來說，這一點無疑是最令我不滿足的地方，但我也沒有辦法，另外，一定要從『詩經』或『楚辭』等古典去了解庶民的事情，而今尙有無數疑問不能解答。可說莫名其妙，這正是今後要更努力研究的問題。

跋語

雖然約好去年年終以前要交稿，奈何遲遲不能寄去，一直拖到今天才大功告成。東京的出版電話催稿不斷，讓我好生緊張。

這倒不是因爲我在吊兒郎當，實在是身邊事情一大堆，忙得不得了，才變成這樣不守信用。一旦有了學校的事，一天也派不上用場，再因有寺廟，擔任保育園的園長，商討的問題很多。而今我在籌組中日佛教友好協會，也負責這個團體的運作。從五月起到六月間，我曾率領這個佛教代表團首次訪問中國大陸回來，致使我現在更忙於處理中日兩國間的友好交流問題，不到深夜，根本沒空執筆，有時連晚上也有一大堆討論會，簡直忙不過來。

我眞正認眞執筆的時間，倒是從大學放暑假開始。本來，我以爲假期可以好好寫了誰知也不如想像那樣容易，因爲假期有訪客絡繹不絕，我也不能一概不理啊！

若要繼續執筆，就得查閱原書，而中國古書又艱深難懂，有時要明白一個字往往要花費一整天。還有我也不懂佛教葬式的行儀和淸規，有時靠電話請教禪宗的人，想要追根究柢某句話的意思，結果常常不能如願，反正各方面都叫苦連天。處在這種苦惱情形下完成的東西，肯定不是很好的作品，也很難讓人滿意，使我有說不盡的抱歉。

正在爲難之際，幸賴故人諸戶素純博士提供中國古代葬法的書籍，以及圭室諦成的『葬式佛敎』等也幫我不少忙。

對我個人來說，撰寫儒敎與佛敎對照的書，恐怕還是頭一次，我除了不斷自我勉勵，也明白以後要硏究的問題仍然堆積如山。

不過，在我有生之年會盡力而爲，但願各方先進多多支援。若有理想的資料，敬祈提供，則不勝感戴。

參考文獻

雖然這方面有許多參考文獻，不過，我只想提供些實際能夠參考和利用的資料，而且只限於著書。例如，有關古代祭祀方面的權威學者池田末利博士的論文固然非常重要，也只好省略或割愛了。

柳田國男：『先祖的話』　筑摩書房

穗積陳重：『祭祀及禮與法律』　岩波書店

竹田聽洲：『祖先崇拜』　平樂寺書店

竹田聽洲：『民俗佛教與祖先崇拜』　東京大學出版會

諸戶素純：『祖先崇拜的宗教學研究』　山喜房

前田　卓：『祖先崇拜的研究』　青山書院

廣池千九郎：『東洋法制史本論』　早稻田大學出版部

谷田孝之：『中國古代喪服的基礎研究』　風間書房

諸橋轍次：『支那的家族制』　大修館書店

西岡　弘：『中國古代的葬禮與文學』三光社
仁井田陞：『中國法制史研究』刑法篇　東京大學出版會
津田左右吉：『支那佛教之研究』　岩波書店
圭室諦成：『葬式佛教』　大法輪閣
松浦秀光：『禪家葬法與追善供養之研究』　山喜房
宮宗孝正：『追善供養的話及其心得』　東學社
岩本　裕：『目連傳說與盂蘭盆』　法藏館
澤田瑞穗：『地獄變』　法藏館
小川貫弌：『佛教文化史研究』　永田文昌堂
道端良秀：『佛教與儒教倫理』　平樂寺書店
眞鍋廣濟：『地藏菩薩之研究』　三密堂書店
渡邊照宏：『死後世界』　岩波書店
芳賀　登：『葬儀的歷史』　雄山閣
王治　心、富田鎮彥譯：『支那宗教思想史』　大東出版社
小池長之：『人死後的話』　學藝圖書
井之口章次：『日本的葬式』　早川書房

參考文獻

大林太良：『葬制的起源』 角川書店
伊藤道治：『古代殷王朝之謎』 角川書店
貝塚茂樹：『古代殷帝國』 みすず書房
白川 靜：『中國的神話』 中央公論社
森三樹三郎：『支那古代神話』 大雅堂
樋口隆康：『從北京原人到銅器』 新潮社
酒井忠夫：『中國善書之研究』 弘文堂
吉岡義豐：『道教與佛教』第一 丸善
永尾龍造：『支那民俗誌』第六卷 支那民族論刊行會
小笠原宣秀：『中國近世淨土教史之研究』 百華苑
牧田諦亮：『疑經研究』 京大人文科學研究所
山崎 寵：『中國中世佛教之展開』 清水書店
森浩 一：『古墳之發掘』 中央公論社
森浩 一：『古墳與古代文化』 產報
小林行雄：『古墳的話』 岩波書店

作者簡介：道端良秀

1903年　北海道出生。

1928年　日本大谷大學史學科畢業。

同研究科、宗教學院、中國留學。歷任大谷大學教授、大谷專修學院長。

現　任：光華女子大學名譽教授。

著　書：『中國佛教史』、『唐代佛教史的研究』、『佛教與儒教倫理』、『中國佛教史全集』（全13卷）等。

譯者簡介：劉欣如

1937年出生，新竹縣人。

曾任教台灣大專院校講師及福嚴佛學院。現在旅居美國洛杉磯市，擔任美國佛教宏法中心總編輯。譯作有：『阿含經與現代生活』、『佛教說話文學全集』（一～十一集）、『業的思想』、『大智度論的故事』、『釋尊的譬喻與說話』、『唯識學入門』、『唐玄奘留學記』、『喬答摩佛陀傳』、『佛教的人生觀』、『現代生活與佛教』、『大乘佛經』、『阿闍世的悟道』等，並有佛教散文發表於國內外佛學雜誌。

大展出版社有限公司	圖書目錄

地址：台北市北投區11204
致遠一路二段12巷1號
郵撥： 0166955～1
電話：(02) 8236031
8236033
傳眞：(02) 8272069

• 法律專欄連載 • 電腦編號 58

台大法學院 法律學系／策劃
法律服務社／編著

①別讓您的權利睡著了1	200元
②別讓您的權利睡著了2	200元

• 秘傳占卜系列 • 電腦編號 14

①手相術	淺野八郎著	150元
②人相術	淺野八郎著	150元
③西洋占星術	淺野八郎著	150元
④中國神奇占卜	淺野八郎著	150元
⑤夢判斷	淺野八郎著	150元
⑥前世、來世占卜	淺野八郎著	150元
⑦法國式血型學	淺野八郎著	150元
⑧靈感、符咒學	淺野八郎著	150元
⑨紙牌占卜學	淺野八郎著	150元
⑩ＥＳＰ超能力占卜	淺野八郎著	150元
⑪猶太數的秘術	淺野八郎著	150元
⑫新心理測驗	淺野八郎著	160元
⑬塔羅牌預言秘法	淺野八郎著	200元

• 趣味心理講座 • 電腦編號 15

①性格測驗１	探索男與女	淺野八郎著	140元
②性格測驗２	透視人心奥秘	淺野八郎著	140元
③性格測驗３	發現陌生的自己	淺野八郎著	140元
④性格測驗４	發現你的真面目	淺野八郎著	140元
⑤性格測驗５	讓你們吃驚	淺野八郎著	140元
⑥性格測驗６	洞穿心理盲點	淺野八郎著	140元
⑦性格測驗７	探索對方心理	淺野八郎著	140元
⑧性格測驗８	由吃認識自己	淺野八郎著	160元

⑨性格測驗9	戀愛知多少	淺野八郎著	160元
⑩性格測驗10	由裝扮瞭解人心	淺野八郎著	160元
⑪性格測驗11	敲開內心玄機	淺野八郎著	140元
⑫性格測驗12	透視你的未來	淺野八郎著	160元
⑬血型與你的一生		淺野八郎著	160元
⑭趣味推理遊戲		淺野八郎著	160元
⑮行爲語言解析		淺野八郎著	160元

・婦 幼 天 地・電腦編號16

①八萬人減肥成果	黃靜香譯	180元
②三分鐘減肥體操	楊鴻儒譯	150元
③窈窕淑女美髮秘訣	柯素娥譯	130元
④使妳更迷人	成　玉譯	130元
⑤女性的更年期	官舒妍編譯	160元
⑥胎內育兒法	李玉瓊編譯	150元
⑦早產兒袋鼠式護理	唐岱蘭譯	200元
⑧初次懷孕與生產	婦幼天地編譯組	180元
⑨初次育兒12個月	婦幼天地編譯組	180元
⑩斷乳食與幼兒食	婦幼天地編譯組	180元
⑪培養幼兒能力與性向	婦幼天地編譯組	180元
⑫培養幼兒創造力的玩具與遊戲	婦幼天地編譯組	180元
⑬幼兒的症狀與疾病	婦幼天地編譯組	180元
⑭腿部苗條健美法	婦幼天地編譯組	180元
⑮女性腰痛別忽視	婦幼天地編譯組	150元
⑯舒展身心體操術	李玉瓊編譯	130元
⑰三分鐘臉部體操	趙薇妮著	160元
⑱生動的笑容表情術	趙薇妮著	160元
⑲心曠神怡減肥法	川津祐介著	130元
⑳內衣使妳更美麗	陳玄茹譯	130元
㉑瑜伽美姿美容	黃靜香編著	180元
㉒高雅女性裝扮學	陳珮玲譯	180元
㉓蠶糞肌膚美顏法	坂梨秀子著	160元
㉔認識妳的身體	李玉瓊譯	160元
㉕產後恢復苗條體態	居理安・芙萊喬著	200元
㉖正確護髮美容法	山崎伊久江著	180元
㉗安琪拉美姿養生學	安琪拉蘭斯博瑞著	180元
㉘女體性醫學剖析	增田豐著	220元
㉙懷孕與生產剖析	岡部綾子著	180元
㉚斷奶後的健康育兒	東城百合子著	220元
㉛引出孩子幹勁的責罵藝術	多湖輝著	170元

㉜培養孩子獨立的藝術	多湖輝著	170元
㉝子宮肌瘤與卵巢囊腫	陳秀琳編著	180元
㉞下半身減肥法	納他夏・史達賓著	180元
㉟女性自然美容法	吳雅菁編著	180元
㊱再也不發胖	池園悅太郎著	170元
㊲生男生女控制術	中垣勝裕著	220元
㊳使妳的肌膚更亮麗	楊　皓編著	170元
㊴臉部輪廓變美	芝崎義夫著	180元
㊵斑點、皺紋自己治療	高須克彌著	180元
㊶面皰自己治療	伊藤雄康著	180元
㊷隨心所欲瘦身冥想法	原久子著	180元
㊸胎兒革命	鈴木丈織著	180元
㊹NS磁氣平衡法塑造窈窕奇蹟	古屋和江著	180元
㊺享瘦從腳開始	山田陽子著	180元
㊻小改變瘦4公斤	宮本裕子著	180元

・青春天地・電腦編號17

①A血型與星座	柯素娥編譯	160元
②B血型與星座	柯素娥編譯	160元
③O血型與星座	柯素娥編譯	160元
④AB血型與星座	柯素娥編譯	120元
⑤青春期性教室	呂貴嵐編譯	130元
⑥事半功倍讀書法	王毅希編譯	150元
⑦難解數學破題	宋釗宜編譯	130元
⑧速算解題技巧	宋釗宜編譯	130元
⑨小論文寫作秘訣	林顯茂編譯	120元
⑪中學生野外遊戲	熊谷康編著	120元
⑫恐怖極短篇	柯素娥編譯	130元
⑬恐怖夜話	小毛驢編譯	130元
⑭恐怖幽默短篇	小毛驢編譯	120元
⑮黑色幽默短篇	小毛驢編譯	120元
⑯靈異怪談	小毛驢編譯	130元
⑰錯覺遊戲	小毛驢編譯	130元
⑱整人遊戲	小毛驢編著	150元
⑲有趣的超常識	柯素娥編譯	130元
⑳哦！原來如此	林慶旺編譯	130元
㉑趣味競賽100種	劉名揚編譯	120元
㉒數學謎題入門	宋釗宜編譯	150元
㉓數學謎題解析	宋釗宜編譯	150元
㉔透視男女心理	林慶旺編譯	120元

㉕少女情懷的自白	李桂蘭編譯	120元
㉖由兄弟姊妹看命運	李玉瓊編譯	130元
㉗趣味的科學魔術	林慶旺編譯	150元
㉘趣味的心理實驗室	李燕玲編譯	150元
㉙愛與性心理測驗	小毛驢編譯	130元
㉚刑案推理解謎	小毛驢編譯	130元
㉛偵探常識推理	小毛驢編譯	130元
㉜偵探常識解謎	小毛驢編譯	130元
㉝偵探推理遊戲	小毛驢編譯	130元
㉞趣味的超魔術	廖玉山編著	150元
㉟趣味的珍奇發明	柯素娥編著	150元
㊱登山用具與技巧	陳瑞菊編著	150元

•健康天地•電腦編號18

①壓力的預防與治療	柯素娥編譯	130元
②超科學氣的魔力	柯素娥編譯	130元
③尿療法治病的神奇	中尾良一著	130元
④鐵證如山的尿療法奇蹟	廖玉山譯	120元
⑤一日斷食健康法	葉慈容編譯	150元
⑥胃部強健法	陳炳崑譯	120元
⑦癌症早期檢查法	廖松濤譯	160元
⑧老人痴呆症防止法	柯素娥編譯	130元
⑨松葉汁健康飲料	陳麗芬編譯	130元
⑩揉肚臍健康法	永井秋夫著	150元
⑪過勞死、猝死的預防	卓秀貞編譯	130元
⑫高血壓治療與飲食	藤山順豐著	150元
⑬老人看護指南	柯素娥編譯	150元
⑭美容外科淺談	楊啟宏著	150元
⑮美容外科新境界	楊啟宏著	150元
⑯鹽是天然的醫生	西英司郎著	140元
⑰年輕十歲不是夢	梁瑞麟譯	200元
⑱茶料理治百病	桑野和民著	180元
⑲綠茶治病寶典	桑野和民著	150元
⑳杜仲茶養顏減肥法	西田博著	150元
㉑蜂膠驚人療效	瀨長良三郎著	180元
㉒蜂膠治百病	瀨長良三郎著	180元
㉓醫藥與生活	鄭炳全著	180元
㉔鈣長生寶典	落合敏著	180元
㉕大蒜長生寶典	木下繁太郎著	160元
㉖居家自我健康檢查	石川恭三著	160元

㉗永恒的健康人生	李秀鈴譯	200元
㉘大豆卵磷脂長生寶典	劉雪卿譯	150元
㉙芳香療法	梁艾琳譯	160元
㉚醋長生寶典	柯素娥譯	180元
㉛從星座透視健康	席拉・吉蒂斯著	180元
㉜愉悅自在保健學	野本二士夫著	160元
㉝裸睡健康法	丸山淳士等著	160元
㉞糖尿病預防與治療	藤田順豐著	180元
㉟維他命長生寶典	菅原明子著	180元
㊱維他命C新效果	鐘文訓編	150元
㊲手、腳病理按摩	堤芳朗著	160元
㊳AIDS瞭解與預防	彼得塔歇爾著	180元
㊴甲殼質殼聚糖健康法	沈永嘉譯	160元
㊵神經痛預防與治療	木下眞男著	160元
㊶室內身體鍛鍊法	陳炳崑編著	160元
㊷吃出健康藥膳	劉大器編著	180元
㊸自我指壓術	蘇燕謀編著	160元
㊹紅蘿蔔汁斷食療法	李玉瓊編著	150元
㊺洗心術健康秘法	竺翠萍編譯	170元
㊻枇杷葉健康療法	柯素娥編譯	180元
㊼抗衰血癒	楊啟宏著	180元
㊽與癌搏鬥記	逸見政孝著	180元
㊾冬蟲夏草長生寶典	高橋義博著	170元
㊿痔瘡・大腸疾病先端療法	宮島伸宜著	180元
51膠布治癒頑固慢性病	加瀨建造著	180元
52芝麻神奇健康法	小林貞作著	170元
53香煙能防止癡呆？	高田明和著	180元
54穀菜食治癌療法	佐藤成志著	180元
55貼藥健康法	松原英多著	180元
56克服癌症調和道呼吸法	帶津良一著	180元
57Ｂ型肝炎預防與治療	野村喜重郎著	180元
58青春永駐養生導引術	早島正雄著	180元
59改變呼吸法創造健康	原久子著	180元
60荷爾蒙平衡養生秘訣	出村博著	180元
61水美肌健康法	井戶勝富著	170元
62認識食物掌握健康	廖梅珠編著	170元
63痛風劇痛消除法	鈴木吉彥著	180元
64酸莖菌驚人療效	上田明彥著	180元
65大豆卵磷脂治現代病	神津健一著	200元
66時辰療法──危險時刻凌晨４時	呂建強等著	180元
67自然治癒力提升法	帶津良一著	180元

㊻巧妙的氣保健法	藤平墨子著	180元
㊾治癒C型肝炎	熊田博光著	180元
㊼肝臟病預防與治療	劉名揚編著	180元
㊽腰痛平衡療法	荒井政信著	180元
㊾根治多汗症、狐臭	稻葉益巳著	220元
㊿40歲以後的骨質疏鬆症	沈永嘉譯	180元
74認識中藥	松下一成著	180元
75認識氣的科學	佐佐木茂美著	180元
76我戰勝了癌症	安田伸著	180元
77斑點是身心的危險信號	中野進著	180元
78艾波拉病毒大震撼	玉川重德著	180元
79重新還我黑髮	桑名隆一郎著	180元
80身體節律與健康	林博史著	180元
81生薑治萬病	石原結實著	180元
82靈芝治百病	陳瑞東著	180元
83木炭驚人的威力	大槻彰著	200元
84認識活性氧	井土貴司著	180元
85深海鮫治百病	廖玉山編著	180元
86神奇的蜂王乳	井上丹治著	180元

・實用女性學講座・電腦編號19

①解讀女性內心世界	島田一男著	150元
②塑造成熟的女性	島田一男著	150元
③女性整體裝扮學	黃靜香編著	180元
④女性應對禮儀	黃靜香編著	180元
⑤女性婚前必修	小野十傳著	200元
⑥徹底瞭解女人	田口二州著	180元
⑦拆穿女性謊言88招	島田一男著	200元
⑧解讀女人心	島田一男著	200元
⑨俘獲女性絕招	志賀貢著	200元

・校園系列・電腦編號20

①讀書集中術	多湖輝著	150元
②應考的訣竅	多湖輝著	150元
③輕鬆讀書贏得聯考	多湖輝著	150元
④讀書記憶秘訣	多湖輝著	150元
⑤視力恢復！超速讀術	江錦雲譯	180元
⑥讀書36計	黃柏松編著	180元
⑦驚人的速讀術	鐘文訓編著	170元

⑧學生課業輔導良方	多湖輝著	180元
⑨超速讀超記憶法	廖松濤編著	180元
⑩速算解題技巧	宋釗宜編著	200元
⑪看圖學英文	陳炳崑編著	200元

•實用心理學講座• 電腦編號 21

①拆穿欺騙伎倆	多湖輝著	140元
②創造好構想	多湖輝著	140元
③面對面心理術	多湖輝著	160元
④偽裝心理術	多湖輝著	140元
⑤透視人性弱點	多湖輝著	140元
⑥自我表現術	多湖輝著	180元
⑦不可思議的人性心理	多湖輝著	180元
⑧催眠術入門	多湖輝著	150元
⑨責罵部屬的藝術	多湖輝著	150元
⑩精神力	多湖輝著	150元
⑪厚黑說服術	多湖輝著	150元
⑫集中力	多湖輝著	150元
⑬構想力	多湖輝著	150元
⑭深層心理術	多湖輝著	160元
⑮深層語言術	多湖輝著	160元
⑯深層說服術	多湖輝著	180元
⑰掌握潛在心理	多湖輝著	160元
⑱洞悉心理陷阱	多湖輝著	180元
⑲解讀金錢心理	多湖輝著	180元
⑳拆穿語言圈套	多湖輝著	180元
㉑語言的內心玄機	多湖輝著	180元
㉒積極力	多湖輝著	180元

•超現實心理講座• 電腦編號 22

①超意識覺醒法	詹蔚芬編譯	130元
②護摩秘法與人生	劉名揚編譯	130元
③秘法！超級仙術入門	陸　明譯	150元
④給地球人的訊息	柯素娥編著	150元
⑤密教的神通力	劉名揚編著	130元
⑥神秘奇妙的世界	平川陽一著	180元
⑦地球文明的超革命	吳秋嬌譯	200元
⑧力量石的秘密	吳秋嬌譯	180元
⑨超能力的靈異世界	馬小莉譯	200元

⑩逃離地球毀滅的命運　吳秋嬌譯　200元
⑪宇宙與地球終結之謎　南山宏著　200元
⑫驚世奇功揭秘　傅起鳳著　200元
⑬啟發身心潛力心象訓練法　栗田昌裕著　180元
⑭仙道術遁甲法　高藤聰一郎著　220元
⑮神通力的秘密　中岡俊哉著　180元
⑯仙人成仙術　高藤聰一郎著　200元
⑰仙道符咒氣功法　高藤聰一郎著　220元
⑱仙道風水術尋龍法　高藤聰一郎著　200元
⑲仙道奇蹟超幻像　高藤聰一郎著　200元
⑳仙道鍊金術房中法　高藤聰一郎著　200元
㉑奇蹟超醫療治癒難病　深野一幸著　220元
㉒揭開月球的神秘力量　超科學研究會　180元
㉓西藏密教奧義　高藤聰一郎著　250元
㉔改變你的夢術入門　高藤聰一郎著　250元

・養生保健・電腦編號 23

①醫療養生氣功　黃孝寬著　250元
②中國氣功圖譜　余功保著　230元
③少林醫療氣功精粹　井玉蘭著　250元
④龍形實用氣功　吳大才等著　220元
⑤魚戲增視強身氣功　宮　嬰著　220元
⑥嚴新氣功　前新培金著　250元
⑦道家玄牝氣功　張　章著　200元
⑧仙家秘傳袪病功　李遠國著　160元
⑨少林十大健身功　秦慶豐著　180元
⑩中國自控氣功　張明武著　250元
⑪醫療防癌氣功　黃孝寬著　250元
⑫醫療強身氣功　黃孝寬著　250元
⑬醫療點穴氣功　黃孝寬著　250元
⑭中國八卦如意功　趙維漢著　180元
⑮正宗馬禮堂養氣功　馬禮堂著　420元
⑯秘傳道家筋經內丹功　王慶餘著　280元
⑰三元開慧功　辛桂林著　250元
⑱防癌治癌新氣功　郭　林著　180元
⑲禪定與佛家氣功修煉　劉天君著　200元
⑳顛倒之術　梅自強著　360元
㉑簡明氣功辭典　吳家駿編　360元
㉒八卦三合功　張全亮著　230元
㉓朱砂掌健身養生功　楊　永著　250元

㉔抗老功 陳九鶴著 230元

・社會人智囊・電腦編號 24

①糾紛談判術	淸水增三著	160元
②創造關鍵術	淺野八郎著	150元
③觀人術	淺野八郎著	180元
④應急詭辯術	廖英迪編著	160元
⑤天才家學習術	木原武一著	160元
⑥猫型狗式鑑人術	淺野八郎著	180元
⑦逆轉運掌握術	淺野八郎著	180元
⑧人際圓融術	澀谷昌三著	160元
⑨解讀人心術	淺野八郎著	180元
⑩與上司水乳交融術	秋元隆司著	180元
⑪男女心態定律	小田晉著	180元
⑫幽默說話術	林振輝編著	200元
⑬人能信賴幾分	淺野八郎著	180元
⑭我一定能成功	李玉瓊譯	180元
⑮獻給青年的嘉言	陳蒼杰譯	180元
⑯知人、知面、知其心	林振輝編著	180元
⑰塑造堅強的個性	坂上肇著	180元
⑱爲自己而活	佐藤綾子著	180元
⑲未來十年與愉快生活有約	船井幸雄著	180元
⑳超級銷售話術	杜秀卿譯	180元
㉑感性培育術	黃靜香編著	180元
㉒公司新鮮人的禮儀規範	蔡媛惠譯	180元
㉓傑出職員鍛鍊術	佐佐木正著	180元
㉔面談獲勝戰略	李芳黛譯	180元
㉕金玉良言撼人心	森純大著	180元
㉖男女幽默趣典	劉華亭編著	180元
㉗機智說話術	劉華亭編著	180元
㉘心理諮商室	柯素娥譯	180元
㉙如何在公司崢嶸頭角	佐佐木正著	180元
㉚機智應對術	李玉瓊編著	200元
㉛克服低潮良方	坂野雄二著	180元
㉜智慧型說話技巧	沈永嘉編著	180元
㉝記憶力、集中力增進術	廖松濤編著	180元
㉞女職員培育術	林慶旺編著	180元
㉟自我介紹與社交禮儀	柯素娥編著	180元
㊱積極生活創幸福	田中真澄著	180元
㊲妙點子超構想	多湖輝著	180元

・精 選 系 列・電腦編號25

①毛澤東與鄧小平	渡邊利夫等著	280元
②中國大崩裂	江戶介雄著	180元
③台灣・亞洲奇蹟	上村幸治著	220元
④7-ELEVEN高盈收策略	國友隆一著	180元
⑤台灣獨立（新・中國日本戰爭一）	森　詠著	200元
⑥迷失中國的末路	江戶雄介著	220元
⑦2000年5月全世界毀滅	紫藤甲子男著	180元
⑧失去鄧小平的中國	小島朋之著	220元
⑨世界史爭議性異人傳	桐生操著	200元
⑩淨化心靈享人生	松濤弘道著	220元
⑪人生心情診斷	賴藤和寬著	220元
⑫中美大決戰	檜山良昭著	220元
⑬黃昏帝國美國	莊雯琳譯	220元
⑭兩岸衝突（新・中國日本戰爭二）	森　詠著	220元
⑮封鎖台灣（新・中國日本戰爭三）	森　詠著	220元
⑯中國分裂（新・中國日本戰爭四）	森　詠著	220元

・運 動 遊 戲・電腦編號26

①雙人運動	李玉瓊譯	160元
②愉快的跳繩運動	廖玉山譯	180元
③運動會項目精選	王佑京譯	150元
④肋木運動	廖玉山譯	150元
⑤測力運動	王佑宗譯	150元

・休 閒 娛 樂・電腦編號27

①海水魚飼養法	田中智浩著	300元
②金魚飼養法	曾雪玫譯	250元
③熱門海水魚	毛利匡明著	480元
④愛犬的教養與訓練	池田好雄著	250元
⑤狗教養與疾病	杉浦哲著	220元
⑥小動物養育技巧	三上昇著	300元

・銀髮族智慧學・電腦編號28

①銀髮六十樂逍遙	多湖輝著	170元
②人生六十反年輕	多湖輝著	170元

③六十歲的決斷	多湖輝著	170元
④銀髮族健身指南	孫瑞台編著	250元

・飲 食 保 健・電腦編號 29

①自己製作健康茶	大海淳著	220元
②好吃、具藥效茶料理	德永睦子著	220元
③改善慢性病健康藥草茶	吳秋嬌譯	200元
④藥酒與健康果菜汁	成玉編著	250元
⑤家庭保健養生湯	馬汴梁編著	220元
⑥降低膽固醇的飲食	早川和志著	200元
⑦女性癌症的飲食	女子營養大學	280元
⑧痛風者的飲食	女子營養大學	280元
⑨貧血者的飲食	女子營養大學	280元
⑩高脂血症者的飲食	女子營養大學	280元

・家庭醫學保健・電腦編號 30

①女性醫學大全	雨森良彥著	380元
②初爲人父育兒寶典	小瀧周曹著	220元
③性活力強健法	相建華著	220元
④30歲以上的懷孕與生產	李芳黛編著	220元
⑤舒適的女性更年期	野末悅子著	200元
⑥夫妻前戲的技巧	笠井寬司著	200元
⑦病理足穴按摩	金慧明著	220元
⑧爸爸的更年期	河野孝旺著	200元
⑨橡皮帶健康法	山田晶著	180元
⑩33天健美減肥	相建華等著	180元
⑪男性健美入門	孫玉祿編著	180元
⑫強化肝臟秘訣	主婦の友社編	200元
⑬了解藥物副作用	張果馨譯	200元
⑭女性醫學小百科	松山榮吉著	200元
⑮左轉健康法	龜田修等著	200元
⑯實用天然藥物	鄭炳全編著	260元
⑰神秘無痛平衡療法	林宗駛著	180元
⑱膝蓋健康法	張果馨譯	180元
⑲針灸治百病	葛書翰著	250元
⑳異位性皮膚炎治癒法	吳秋嬌譯	220元
㉑禿髮白髮預防與治療	陳炳崑編著	180元
㉒埃及皇宮菜健康法	飯森薰著	200元
㉓肝臟病安心治療	上野幸久著	220元

㉔耳穴治百病	陳抗美等著	250元
㉕高效果指壓法	五十嵐康彥著	200元
㉖瘦水、胖水	鈴木園子著	200元
㉗手針新療法	朱振華著	200元
㉘香港腳預防與治療	劉小惠譯	200元
㉙智慧飲食吃出健康	柯富陽編著	200元
㉚牙齒保健法	廖玉山編著	200元

・超經營新智慧・電腦編號 31

①躍動的國家越南	林雅倩譯	250元
②甦醒的小龍菲律賓	林雅倩譯	220元

・心 靈 雅 集・電腦編號 00

①禪言佛語看人生	松濤弘道著	180元
②禪密教的奧秘	葉逯謙譯	120元
③觀音大法力	田口日勝著	120元
④觀音法力的大功德	田口日勝著	120元
⑤達摩禪106智慧	劉華亭編譯	220元
⑥有趣的佛教研究	葉逯謙編譯	170元
⑦夢的開運法	蕭京凌譯	130元
⑧禪學智慧	柯素娥編譯	130元
⑨女性佛教入門	許俐萍譯	110元
⑩佛像小百科	心靈雅集編譯組	130元
⑪佛教小百科趣談	心靈雅集編譯組	120元
⑫佛教小百科漫談	心靈雅集編譯組	150元
⑬佛教知識小百科	心靈雅集編譯組	150元
⑭佛學名言智慧	松濤弘道著	220元
⑮釋迦名言智慧	松濤弘道著	220元
⑯活人禪	平田精耕著	120元
⑰坐禪入門	柯素娥編譯	150元
⑱現代禪悟	柯素娥編譯	130元
⑲道元禪師語錄	心靈雅集編譯組	130元
⑳佛學經典指南	心靈雅集編譯組	130元
㉑何謂「生」 阿含經	心靈雅集編譯組	150元
㉒一切皆空 般若心經	心靈雅集編譯組	150元
㉓超越迷惘 法句經	心靈雅集編譯組	180元
㉔開拓宇宙觀 華嚴經	心靈雅集編譯組	180元
㉕真實之道 法華經	心靈雅集編譯組	130元
㉖自由自在 涅槃經	心靈雅集編譯組	130元

㉗沈默的教示　維摩經	心靈雅集編譯組	150元
㉘開通心眼　佛語佛戒	心靈雅集編譯組	130元
㉙揭秘寶庫　密教經典	心靈雅集編譯組	180元
㉚坐禪與養生	廖松濤譯	110元
㉛釋尊十戒	柯素娥編譯	120元
㉜佛法與神通	劉欣如編著	120元
㉝悟（正法眼藏的世界）	柯素娥編譯	120元
㉞只管打坐	劉欣如編著	120元
㉟喬答摩・佛陀傳	劉欣如編著	120元
㊱唐玄奘留學記	劉欣如編著	120元
㊲佛教的人生觀	劉欣如編譯	110元
㊳無門關（上卷）	心靈雅集編譯組	150元
㊴無門關（下卷）	心靈雅集編譯組	150元
㊵業的思想	劉欣如編著	130元
㊶佛法難學嗎	劉欣如著	140元
㊷佛法實用嗎	劉欣如著	140元
㊸佛法殊勝嗎	劉欣如著	140元
㊹因果報應法則	李常傳編	180元
㊺佛教醫學的奧秘	劉欣如編著	150元
㊻紅塵絕唱	海　若著	130元
㊼佛教生活風情	洪丕謨、姜玉珍著	220元
㊽行住坐臥有佛法	劉欣如著	160元
㊾起心動念是佛法	劉欣如著	160元
㊿四字禪語	曹洞宗青年會	200元
⑤①妙法蓮華經	劉欣如編著	160元
⑤②根本佛教與大乘佛教	葉作森編	180元
⑤③大乘佛經	定方晟著	180元
⑤④須彌山與極樂世界	定方晟著	180元
⑤⑤阿闍世的悟道	定方晟著	180元
⑤⑥金剛經的生活智慧	劉欣如著	180元

•經 營 管 理• 電腦編號 01

◎創新經營六十六大計（精）	蔡弘文編	780元
①如何獲取生意情報	蘇燕謀譯	110元
②經濟常識問答	蘇燕謀譯	130元
④台灣商戰風雲錄	陳中雄著	120元
⑤推銷大王秘錄	原一平著	180元
⑥新創意・賺大錢	王家成譯	90元
⑦工廠管理新手法	琪　輝著	120元
⑨經營參謀	柯順隆譯	120元

⑩美國實業24小時	柯順隆譯	80元
⑪撼動人心的推銷法	原一平著	150元
⑫高竿經營法	蔡弘文編	120元
⑬如何掌握顧客	柯順隆譯	150元
⑰一流的管理	蔡弘文編	150元
⑱外國人看中韓經濟	劉華亭譯	150元
⑳突破商場人際學	林振輝編著	90元
㉒如何使女人打開錢包	林振輝編著	100元
㉔小公司經營策略	王嘉誠著	160元
㉕成功的會議技巧	鐘文訓編譯	100元
㉖新時代老闆學	黃柏松編著	100元
㉗如何創造商場智囊團	林振輝編譯	150元
㉘十分鐘推銷術	林振輝編譯	180元
㉙五分鐘育才	黃柏松編譯	100元
㉝自我經濟學	廖松濤編譯	100元
㉞一流的經營	陶田生編著	120元
㉟女性職員管理術	王昭國編譯	120元
㊱ＩＢＭ的人事管理	鐘文訓編譯	150元
㊲現代電腦常識	王昭國編譯	150元
㊳電腦管理的危機	鐘文訓編譯	120元
㊴如何發揮廣告效果	王昭國編譯	150元
㊵最新管理技巧	王昭國編譯	150元
㊶一流推銷術	廖松濤編譯	150元
㊷包裝與促銷技巧	王昭國編譯	130元
㊸企業王國指揮塔	松下幸之助著	120元
㊹企業精銳兵團	松下幸之助著	120元
㊺企業人事管理	松下幸之助著	100元
㊻華僑經商致富術	廖松濤編譯	130元
㊼豐田式銷售技巧	廖松濤編譯	180元
㊽如何掌握銷售技巧	王昭國編著	130元
㊿洞燭機先的經營	鐘文訓編譯	150元
⑤②新世紀的服務業	鐘文訓編譯	100元
⑤③成功的領導者	廖松濤編譯	120元
⑤④女推銷員成功術	李玉瓊編譯	130元
⑤⑤ＩＢＭ人才培育術	鐘文訓編譯	100元
⑤⑥企業人自我突破法	黃琪輝編著	150元
⑤⑧財富開發術	蔡弘文編著	130元
⑤⑨成功的店舖設計	鐘文訓編著	150元
⑥①企管回春法	蔡弘文編著	130元
⑥②小企業經營指南	鐘文訓編譯	100元
⑥③商場致勝名言	鐘文訓編譯	150元

㉞迎接商業新時代	廖松濤編譯	100元
㊱新手股票投資入門	何朝乾　編	200元
㊲上揚股與下跌股	何朝乾編譯	180元
㊳股票速成學	何朝乾編譯	200元
㊴理財與股票投資策略	黃俊豪編著	180元
㊵黃金投資策略	黃俊豪編著	180元
㊶厚黑管理學	廖松濤編譯	180元
㊷股市致勝格言	呂梅莎編譯	180元
㊸透視西武集團	林谷燁編譯	150元
㊻巡迴行銷術	陳蒼杰譯	150元
㊼推銷的魔術	王嘉誠譯	120元
㊽60秒指導部屬	周蓮芬編譯	150元
㊾精銳女推銷員特訓	李玉瓊編譯	130元
㊿企劃、提案、報告圖表的技巧	鄭　汶　譯	180元
81海外不動產投資	許達守編譯	150元
82八百件的世界策略	李玉瓊譯	150元
83服務業品質管理	吳宜芬譯	180元
84零庫存銷售	黃東謙編譯	150元
85三分鐘推銷管理	劉名揚編譯	150元
86推銷大王奮鬥史	原一平著	150元
87豐田汽車的生產管理	林谷燁編譯	150元

•成功寶庫•電腦編號 02

①上班族交際術	江森滋著	100元
②拍馬屁訣竅	廖玉山編譯	110元
④聽話的藝術	歐陽輝編譯	110元
⑨求職轉業成功術	陳　義編著	110元
⑩上班族禮儀	廖玉山編著	120元
⑪接近心理學	李玉瓊編著	100元
⑫創造自信的新人生	廖松濤編著	120元
⑮神奇瞬間瞑想法	廖松濤編譯	100元
⑯人生成功之鑰	楊意苓編著	150元
⑲給企業人的諍言	鐘文訓編著	120元
⑳企業家自律訓練法	陳　義編譯	100元
㉑上班族妖怪學	廖松濤編著	100元
㉒猶太人縱橫世界的奇蹟	孟佑政編著	110元
㉕你是上班族中強者	嚴思圖編著	100元
㉚成功頓悟100則	蕭京凌編譯	130元
㉜知性幽默	李玉瓊編譯	130元
㉝熟記對方絕招	黃靜香編譯	100元

㊲察言觀色的技巧	劉華亭編著	180元
㊳一流領導力	施義彥編譯	120元
㊵30秒鐘推銷術	廖松濤編譯	150元
㊶猶太成功商法	周蓮芬編譯	120元
㊷尖端時代行銷策略	陳蒼杰編著	100元
㊸顧客管理學	廖松濤編著	100元
㊹如何使對方說Yes	程　羲編著	150元
㊼上班族口才學	楊鴻儒譯	120元
㊽上班族新鮮人須知	程　羲編著	120元
㊾如何左右逢源	程　羲編著	130元
㊿語言的心理戰	多湖輝著	130元
55性惡企業管理學	陳蒼杰譯	130元
56自我啟發200招	楊鴻儒編著	150元
57做個傑出女職員	劉名揚編著	130元
58靈活的集團營運術	楊鴻儒編著	120元
60個案研究活用法	楊鴻儒編著	130元
61企業教育訓練遊戲	楊鴻儒編著	120元
62管理者的智慧	程　羲編譯	130元
63做個佼佼管理者	馬筱莉編譯	130元
67活用禪學於企業	柯素娥編譯	130元
69幽默詭辯術	廖玉山編譯	150元
70拿破崙智慧箴言	柯素娥編譯	130元
71自我培育・超越	蕭京凌編譯	150元
74時間即一切	沈永嘉編譯	130元
75自我脫胎換骨	柯素娥譯	150元
76贏在起跑點—人才培育鐵則	楊鴻儒編譯	150元
77做一枚活棋	李玉瓊編譯	130元
78面試成功戰略	柯素娥編譯	130元
81瞬間攻破心防法	廖玉山編譯	120元
82改變一生的名言	李玉瓊編譯	130元
83性格性向創前程	楊鴻儒編譯	130元
84訪問行銷新竅門	廖玉山編譯	150元
85無所不達的推銷話術	李玉瓊編譯	150元

・處世智慧・電腦編號03

①如何改變你自己	陸明編譯	120元
⑥靈感成功術	譚繼山編譯	80元
⑧扭轉一生的五分鐘	黃柏松編譯	100元
⑩現代人的詭計	林振輝譯	100元
⑫如何利用你的時間	蘇遠謀譯	80元

⑬口才必勝術	黃柏松編譯	120元
⑭女性的智慧	譚繼山編譯	90元
⑯人生的體驗	陸明編譯	80元
⑱幽默吹牛術	金子登著	90元
⑲攻心說服術	多湖輝著	100元
⑳當機立斷	陸明編譯	70元
㉒如何交朋友	安紀芳編著	70元
㉔慧心良言	亦　奇著	80元
㉕名家慧語	蔡逸鴻主編	90元
㉘如何發揮你的潛能	陸明編譯	90元
㉙女人身態語言學	李常傳譯	130元
㉚摸透女人心	張文志譯	90元
㉜給女人的悄悄話	妮倩編譯	90元
㉞如何開拓快樂人生	陸明編譯	90元
㊱成功的捷徑	鐘文訓譯	70元
㊲幽默逗笑術	林振輝著	120元
㊳活用血型讀書法	陳炳崑譯	80元
㊴心　燈	葉于模著	100元
㊵當心受騙	林顯茂譯	90元
㊶心・體・命運	蘇燕謀譯	70元
㊷如何使頭腦更敏銳	陸明編譯	70元
㊸宮本武藏五輪書金言錄	宮本武藏著	100元
㊼成熟的愛	林振輝譯	120元
㊽現代女性駕馭術	蔡德華著	90元
㊾禁忌遊戲	酒井潔著	90元
52摸透男人心	劉華亭編譯	80元
53如何達成願望	謝世輝著	90元
54創造奇蹟的「想念法」	謝世輝著	90元
55創造成功奇蹟	謝世輝著	90元
57幻想與成功	廖松濤譯	80元
58反派角色的啟示	廖松濤編譯	70元
59現代女性須知	劉華亭編著	75元
62如何突破內向	姜倩怡編譯	110元
64讀心術入門	王家成編譯	100元
65如何解除內心壓力	林美羽編著	110元
66取信於人的技巧	多湖輝著	110元
68自我能力的開拓	卓一凡編著	110元
70縱橫交涉術	嚴思圖編著	90元
71如何培養妳的魅力	劉文珊編著	90元
72魅力的力量	姜倩怡編著	90元
75個性膽怯者的成功術	廖松濤編譯	100元

⑯人性的光輝	文可式編著	90元
⑲培養靈敏頭腦秘訣	廖玉山編著	90元
⑳夜晚心理術	鄭秀美編譯	80元
㉑如何做個成熟的女性	李玉瓊編著	80元
㉒現代女性成功術	劉文珊編著	90元
㉓成功說話技巧	梁惠珠編譯	100元
㉔人生的真諦	鐘文訓編譯	100元
㉕妳是人見人愛的女孩	廖松濤編著	120元
㉗指尖・頭腦體操	蕭京凌編譯	90元
㉘電話應對禮儀	蕭京凌編著	120元
㉙自我表現的威力	廖松濤編譯	100元
㉚名人名語啟示錄	喬家楓編著	100元
㉛男與女的哲思	程鐘梅編譯	110元
㉜靈思慧語	牧　風著	110元
㉝心靈夜語	牧　風著	100元
㉞激盪腦力訓練	廖松濤編譯	100元
㉟三分鐘頭腦活性法	廖玉山編譯	110元
㊱星期一的智慧	廖玉山編譯	100元
㊲溝通說服術	賴文琇編譯	100元

・健康與美容・電腦編號04

③媚酒傳（中國王朝秘酒）	陸明主編	120元
⑤中國回春健康術	蔡一藩著	100元
⑥奇蹟的斷食療法	蘇燕謀譯	130元
⑧健美食物法	陳炳崑譯	120元
⑨驚異的漢方療法	唐龍編著	90元
⑩不老強精食	唐龍編著	100元
⑫五分鐘跳繩健身法	蘇明達譯	100元
⑬睡眠健康法	王家成譯	80元
⑭你就是名醫	張芳明譯	90元
⑲釋迦長壽健康法	譚繼山譯	90元
⑳腳部按摩健康法	譚繼山譯	120元
㉑自律健康法	蘇明達譯	90元
㉓身心保健座右銘	張仁福著	160元
㉔腦中風家庭看護與運動治療	林振輝譯	100元
㉕秘傳醫學人相術	成玉主編	120元
㉖導引術入門(1)治療慢性病	成玉主編	110元
㉗導引術入門(2)健康・美容	成玉主編	110元
㉘導引術入門(3)身心健康法	成玉主編	110元
㉙妙用靈藥・蘆薈	李常傳譯	150元

㉚萬病回春百科	吳通華著	150元
㉛初次懷孕的10個月	成玉編譯	130元
㉜中國秘傳氣功治百病	陳炳崑編譯	130元
㉟仙人長生不老學	陸明編譯	100元
㊱釋迦秘傳米粒刺激法	鐘文訓譯	120元
㊲痔・治療與預防	陸明編譯	130元
㊳自我防身絕技	陳炳崑編譯	120元
㊴運動不足時疲勞消除法	廖松濤譯	110元
㊵三溫暖健康法	鐘文訓編譯	90元
㊸維他命與健康	鐘文訓譯	150元
㊺森林浴—綠的健康法	劉華亭編譯	80元
㊼導引術入門(4)酒浴健康法	成玉主編	90元
㊽導引術入門(5)不老回春法	成玉主編	90元
㊾山白竹（劍竹）健康法	鐘文訓譯	90元
㊿解救你的心臟	鐘文訓編譯	100元
52超人氣功法	陸明編譯	110元
54借力的奇蹟(1)	力拔山著	100元
55借力的奇蹟(2)	力拔山著	100元
56五分鐘小睡健康法	呂添發撰	120元
57禿髮、白髮預防與治療	陳炳崑撰	120元
59艾草健康法	張汝明編譯	90元
60一分鐘健康診斷	蕭京凌編譯	90元
61念術入門	黃靜香編譯	90元
62念術健康法	黃靜香編譯	90元
63健身回春法	梁惠珠編譯	100元
64姿勢養生法	黃秀娟編譯	90元
65仙人瞑想法	鐘文訓譯	120元
66人蔘的神效	林慶旺譯	100元
67奇穴治百病	吳通華著	120元
68中國傳統健康法	靳海東著	100元
71酵素健康法	楊　皓編譯	120元
73腰痛預防與治療	五味雅吉著	130元
74如何預防心臟病・腦中風	譚定長等著	100元
75少女的生理秘密	蕭京凌譯	120元
76頭部按摩與針灸	楊鴻儒譯	100元
77雙極療術入門	林聖道著	100元
78氣功自療法	梁景蓮著	120元
79大蒜健康法	李玉瓊編譯	100元
81健胸美容秘訣	黃靜香譯	120元
82鍺奇蹟療效	林宏儒譯	120元
83三分鐘健身運動	廖玉山譯	120元

⑭尿療法的奇蹟	廖玉山譯	120元
⑮神奇的聚積療法	廖玉山譯	120元
⑯預防運動傷害伸展體操	楊鴻儒編譯	120元
⑱五日就能改變你	柯素娥譯	110元
⑲三分鐘氣功健康法	陳美華譯	120元
⑨道家氣功術	早島正雄著	130元
⑫氣功減肥術	早島正雄著	120元
⑬超能力氣功法	柯素娥譯	130元
⑭氣的瞑想法	早島正雄著	120元

・家庭／生活・電腦編號05

①單身女郎生活經驗談	廖玉山編著	100元
②血型・人際關係	黃靜編著	120元
③血型・妻子	黃靜編著	110元
④血型・丈夫	廖玉山編譯	130元
⑤血型・升學考試	沈永嘉編譯	120元
⑥血型・臉型・愛情	鐘文訓編譯	120元
⑦現代社交須知	廖松濤編譯	100元
⑧簡易家庭按摩	鐘文訓編譯	150元
⑨圖解家庭看護	廖玉山編譯	120元
⑩生男育女隨心所欲	岡正基編著	160元
⑪家庭急救治療法	鐘文訓編著	100元
⑫新孕婦體操	林曉鐘譯	120元
⑬從食物改變個性	廖玉山編譯	100元
⑭藥草的自然療法	東城百合子著	200元
⑮糙米菜食與健康料理	東城百合子著	180元
⑯現代人的婚姻危機	黃　靜編著	90元
⑰親子遊戲　0歲	林慶旺編譯	100元
⑱親子遊戲　1～2歲	林慶旺編譯	110元
⑲親子遊戲　3歲	林慶旺編譯	100元
⑳女性醫學新知	林曉鐘編譯	180元
㉑媽媽與嬰兒	張汝明編譯	180元
㉒生活智慧百科	黃　靜編譯	100元
㉓手相・健康・你	林曉鐘編譯	120元
㉔菜食與健康	張汝明編譯	110元
㉕家庭素食料理	陳東達著	140元
㉖性能力活用秘法	米開・尼里著	150元
㉗兩性之間	林慶旺編譯	120元
㉘性感經穴健康法	蕭京凌編譯	150元
㉙幼兒推拿健康法	蕭京凌編譯	100元

30	談中國料理	丁秀山編著	100元
31	舌技入門	增田豐　著	160元
32	預防癌症的飲食法	黃靜香編譯	150元
33	性與健康寶典	黃靜香編譯	180元
34	正確避孕法	蕭京凌編譯	180元
35	吃的更漂亮美容食譜	楊萬里著	120元
36	圖解交際舞速成	鐘文訓編譯	150元
37	觀相導引術	沈永嘉譯	130元
38	初為人母12個月	陳義譯	180元
39	圖解麻將入門	顧安行編譯	160元
40	麻將必勝秘訣	石利夫編譯	180元
41	女性一生與漢方	蕭京凌編譯	100元
42	家電的使用與修護	鐘文訓編譯	160元
43	錯誤的家庭醫療法	鐘文訓編譯	100元
44	簡易防身術	陳慧珍編譯	150元
45	茶健康法	鐘文訓編譯	130元
46	雞尾酒大全	劉雪卿譯	180元
47	生活的藝術	沈永嘉編著	120元
48	雜草雜果健康法	沈永嘉編著	120元
49	如何選擇理想妻子	荒谷慈著	110元
50	如何選擇理想丈夫	荒谷慈著	110元
51	中國食與性的智慧	根本光人著	150元
52	開運法話	陳宏男譯	100元
53	禪語經典＜上＞	平田精耕著	150元
54	禪語經典＜下＞	平田精耕著	150元
55	手掌按摩健康法	鐘文訓譯	180元
56	脚底按摩健康法	鐘文訓譯	180元
57	仙道運氣健身法	李玉瓊譯	150元
58	健心、健體呼吸法	蕭京凌譯	120元
59	自彊術入門	蕭京凌譯	120元
60	指技入門	增田豐著	160元
61	下半身鍛鍊法	增田豐著	180元
62	表象式學舞法	黃靜香編譯	180元
63	圖解家庭瑜伽	鐘文訓譯	130元
64	食物治療寶典	黃靜香編譯	130元
65	智障兒保育入門	楊鴻儒譯	130元
66	自閉兒童指導入門	楊鴻儒譯	180元
67	乳癌發現與治療	黃靜香譯	130元
68	盆栽培養與欣賞	廖啟新編譯	180元
69	世界手語入門	蕭京凌編譯	180元
70	賽馬必勝法	李錦雀編譯	200元

國家圖書館出版品預行編目資料

佛教與儒教/道端良秀著；劉欣如譯
——初版，——臺北市，大展，民87
面；21公分，——（心靈雅集；57）
譯自：仏教と儒教
ISBN 957-557-802-3（平裝）
1.佛教 2.儒家
218.3　　　　87002308

First published in Japan in 1976 by Daisan Bunmei－Sha
Chinese translation rights arranged with Daisan Bunmei－Sha
through Japan Foreign－Rights Centre/Keio Cultural Enterprise Co., Ltd.
版權仲介/京王文化事業有限公司

佛教與儒教

ISBN 957-557-802-3
原著者/ 道端良秀
編譯者/ 劉欣如
發行人/ 蔡森明
出版者/ 大展出版社有限公司
社　址/ 台北市北投區（石牌）致遠一路2段12巷1號
電　話/ （02）28236031・28236033
傳　真/ （02）28272069
郵政劃撥/ 0166955-1
登記證/ 局版臺業字第2171號
承印者/ 國順圖書印刷公司
裝　訂/ 嶸興裝訂有限公司
排版者/ 弘益電腦排版有限公司
電　話/ （02）27403609・27112792
初版 1 刷/ 1998年（民87年） 4月

T.K.Ɔ

定　價/ 180元

●本書若有破損缺頁敬請寄回本社更換●

大展好書 好書大展

大展好書 好書大展